www.ingramcontent.com/pod-product-compliance
Lightning Source LLC
LaVergne TN
LVHW051007051026
849532LV00005B/1846
* 9 7 8 9 3 5 8 7 2 3 6 2 5 *

علمِ حدیث میں خواتین کا کردار

مرتبہ:

سید حیدرآبادی

Ilm-e-Hadees mein Khawateen ka Kirdaar

by: Syed Hyderabadi

Edition: May '2024

Publisher :

Taemeer Publications LLC (Michigan, USA / Hyderabad, India)

ISBN 978-93-5872-362-5

کتاب	:	**علم حدیث میں خواتین کا کردار**
مرتب	:	**سید حیدرآبادی**
صنف	:	مذہب
ناشر	:	تعمیر پبلی کیشنز (حیدرآباد، انڈیا)
سالِ اشاعت	:	۲۰۲۴ء
صفحات	:	۵۲
سرورق ڈیزائن	:	تعمیر ویب ڈیزائن

فہرست

علم حدیث میں خواتین کا کردار

(ادارہ اسلام ہاؤس)

اسلام ایک عالمگیر مذہب ہے، اس کی تہذیب و تمدن، ثقافت و حضارت، اس کے نظم ونسق، قوانین و ضوابط اور طریقہ تعلیم و تربیت سرمدی و آفاقی ہے، یہی وجہ ہے کہ اسلام ہمیشہ سے جہالت و ناخواندگی اور آوارگی کا کھلا دشمن اور علم و معرفت، شائستگی اور آراستگی کا روز ازل سے ایک مخلص ساتھی اور دوست رہاہے۔ چنانچہ اس نے انسانیت کو بغیر کسی تفریق مرد وزن لفظ "اقرء" سے مخاطب کیا اور "فاعلم انہ لا الہ الا اللہ"(۱) یعنی ایمان لانے سے پہلے علم و معرفت کی اہمیت و افادیت کو اجاگر کیا اور "قل ہل یستوی الذین یعلمون والذین لایعلمون"(۲) جیسے پرکشش و پر شکوہ نصوص سے عالم و جاہل کے مابین ہمسری کی نفی کر دی۔ نیز "یرفع اللہ الذین آمنوا منکم والذین اوتوا العلم درجات" (۳) اور اللہ کے رسول صلی اللہ علیہ وسلم نے "نضر اللہ امرءا سمع مقالتی فوعاہا ثم اداہا الی من لم یسمعہا" (۴) جیسے قیمتی اور بیش بہا فرمودات سے حصول علم کی ترغیب دی ہے سوائے تین علوم علم سحر، علم نجوم اور علم کہانت کے تمام علوم وفنون کے سیکھنے سکھانے، پڑھنے پڑھانے کی مکمل آزادی اور رخصت دے رکھی ہے۔

قرآن مجید کے علاوہ نبی صلی اللہ علیہ وسلم نے بلا تفریق مرد وزن اس کے حصول کا حکم اور جابجا اس کی اہمیت وفضیلت کو بیان کیا ہے، چنانچہ ابن ماجہ کی ایک روایت ہے کہ

"طلب العلم فریضۃ علی کل مسلم " (۵) یعنی تمام مسلمانوں پر علم دین حاصل کرنا فرض ہے۔ اس میں مرد وعورت دونوں کے لئے حکم ہے اور اس پر علماء امت کا اجماع ہے۔

عورت انسانی معاشرہ کا وہ اہم عنصر ہے جس کے بغیر معاشرہ وسماج کا تصور ہی ممکن نہیں، عورت انسانی ترقی کا زینہ اور اجتماعی زندگی کی روح ہے، عورت عالم انسانی کی بقا اور اس کے تحفظ کی ضامن ہے، نیز کائنات گل گلزار کی محافظ ہے۔ "یا ایہا الناس انا خلقنا کم من ذکر وانثی وجعلنا کم شعوبا وقبائل لتعارفوا" (۶)۔ عورت افزائش نسل اور اولاد کی تعلیم وتربیت کی اعلی ذمہ دار ہے، اس کی گود جہاں ایک طرف شیر خوار بچوں کی جائے پرورش ہے، وہیں دوسری طرف اس کی آغوش حضارت وتمدن اور تعلیم وتربیت کا گہوارہ ہے، عورت روئے زمین پر اللہ کی نشانی بن کر آئی اور رہتی دنیا تک اس چمن کی عزت اور آبرو بنی رہے گی، ان شاء اللہ۔ ارشاد باری تعالی ہے:"ومن آیاتہ ان خلق لکم من انفسکم ازواجا لتسکنوا الیہا وجعل بینکم مودۃ ورحمۃ" (۷)۔ عورت ناقص العقل تو ہے لیکن تعلیم و تعلم سے کوری نہیں، عورت ناقص الدین تو ہے مگر عبادت سے مرفوع القلم نہیں، عورت پردہ کی پابند ضرور ہے لیکن غزوات جہاد میں شرکت کی مستحق بھی ہے۔

وجودِ زن سے ہے تصویرِ کائنات میں رنگ
اسی کے ساز سے ہے زندگی کا سوزِ دروں

ایک شبہ کا ازالہ

آج کے ترقی یافتہ دور میں اسلامی معاشرہ میں جو تعلیم نسواں یا مدرسہ نسواں نظر آتا ہے اسے دیکھ کر بعض حضرات کہتے ہیں کہ اس کا ثبوت کہاں ہے؟ عہد رسالت کی مشہور تعلیم گاہ ویونیورسٹی جو دنیا میں اہل صفہ کے نام سے متعارف ہے، اس میں صحابیات

اور بنات اسلام کا ذکر ملتا ہے؟ اس کے ثبوت کے لئے ایک حدیث ہی کافی ہے۔ امام بخاری رحمہ اللہ نے ایک باب اپنی صحیح کے اندر قائم کیا ہے: "ہل یجعل للنساء یوم علی حدۃ فی العلم" اور اس باب کے تحت جو حدیث لائے ہیں اس کا مفہوم یہ ہے کہ "نبی کریم صلی اللہ علیہ وسلم کی حیات طیبہ میں عورتوں کے اندر علم حدیث کے حاصل کرنے کا شوق و جذبہ اس قدر موجزن تھا کہ تمام عورتوں نے اجتماعی طور پر اللہ کے رسول صلی اللہ علیہ وسلم سے مطالبہ کیا کہ آپ ہماری تعلیم کے لئے کوئی انتظام فرما دیجئے۔ چنانچہ ابو سعید خدری رضی اللہ عنہ کا بیان ہے کہ اللہ کے رسول صلی اللہ علیہ وسلم نے ان کے لئے ایک دن کا وعدہ کیا جس میں ان کو وعظ و نصیحت کرتے اور دینی باتوں کا حکم فرماتے تھے (۸)۔ اس سے بخوبی اندازہ لگایا جاسکتا ہے کہ خواتین اسلام میں ارشادات نبویہ کے حصول کا کس قدر شوق و جذبہ تھا۔

اگر اس قسم کے لوگ کتب رجال کی ورق گردانی کریں تو انہیں صحابیات، تابعیات اور مختلف ادوار کی روایات و محدثات کی ایک طویل فہرست دستیاب ہو سکتی ہے، جنہوں نے حفاظت حدیث کے تعلق سے وہ کارہائے نمایاں انجام دیئے جس کی مثال دنیا کے کسی مذہب و ملت میں نہیں مل سکتی، فن حدیث ہی کیا شرعی علم و فن کوئی بھی ہو اس میں عورتوں کی کارکردگی نمایاں نظر آتی ہے، فن تفسیر ہو یا حدیث، فقہ ہو یا اصول، ادب ہو یا بلاغت سارے کے سارے فنون کی عورتوں نے جان توڑ خدمت کی۔ اگر صحابیات و تابعیات تحمل اور روایت حدیث میں پیچھے رہتیں تو آج اسلامی دنیا مسائل نسواں کی علم و معرفت سے محروم رہتی، نکاح و طلاق کے مسائل ہوں یا جماع و مباشرت کے ازدواجی زندگی کا کوئی الجھا ہوا پہلو ہو یا خانگی مشکلات، اگر اس قسم کے الجھے اور پیچ مسائل کا حل ہمیں ملتا ہے تو صحابیات و تابعیات کی مرویات ہیں۔

خواتین اسلام اور علم حدیث

ابتدائے اسلام سے لے کر اس وقت تک سینکڑوں ہزاروں پردہ نشیں مسلم خواتین نے حدود شریعت میں رہتے ہوئے گوشہ عمل و فن سے لے کر میدان جہاد تک ہر شعبہ زندگی میں حصہ لیا اور اسلامی معاشرہ کی تعمیر میں اپنا کردار ادا کیا، خواتین اسلام نے علم حدیث کی جو خدمات انجام دی ہیں، ان کی سب سے پہلی نمائندگی صحابیات و تابعیات کرتی ہیں، اس لئے سب سے پہلے انہی کے کارناموں کا اجمالی نقشہ پیش کیا جارہا ہے۔

صحابیات

صحابہ کرام کی طرح صحابیات بھی اپنے ذہن و دماغ کے لحاظ سے ایک درجہ اور مرتبہ کی نہیں تھیں اور نہ سب کو یکساں طور سے آنحضرت صلی اللہ علیہ وسلم کی صحبت و رفاقت نصیب ہوئی تھی، اس لئے ان کی خدمات بھی اسی کے اعتبار سے کم و بیش ہوں گی، کیونکہ حدیث کی خدمات کے لئے سب سے زیادہ ضرورت حفظ اور فہم و فراست ہی کی تھی۔ صحابیات میں ازواج مطہرات کو نبی صلی اللہ علیہ وسلم کے ساتھ ہر لحاظ سے زیادہ خصوصیت حاصل تھی، اس لئے اس سلسلہ میں ان کی خدمات سب سے زیادہ ہیں، یوں تو صحابیات کی مجموعی تعداد حافظ ابن حجر عسقلانی رحمہ اللہ کے احصاء کے مطابق (۱۵۴۵) ہے، لیکن جنہوں نے روایت حدیث کے ذریعہ حفاظت حدیث کا بیڑا اٹھایا ان کی تعداد سات سو سے زائد بتائی گئی ہے اور ان سے بڑے بڑے صحابہ کرام اور جلیل القدر ائمہ نے علم حاصل کیا ہے (۹)، علامہ ابن حزم اپنی کتاب "اسماء الصحابۃ الرواۃ وما لکل واحد من العدد" کے اندر کم و بیش (۱۲۵) صحابیات کا تذکرہ کیا ہے جن سے روایات مروی ہیں اور ان کے اعداد و شمار کے مطابق صحابیات سے مروی احادیث کی کل تعداد (۲۵۶۰) ہے

جن میں سب سے زیادہ ام المومنین عائشہ صدیقہ رضی اللہ عنہا سے مروی ہے، حضرت عائشہ مکثرین رواۃ صحابہ میں سے ہیں، ان کی مرویات کی تعداد (۲۲۱۰) ہے (۱۰)، جن میں (۲۸۶) حدیثیں بخاری و مسلم میں موجود ہیں، مرویات کی کثرت کے لحاظ سے صحابہ کرام میں ان کا چھٹا نمبر ہے (۱۱)، مرویات کی کثرت کے ساتھ احادیث سے استدلال اور استنباط مسائل، ان کے علل واسباب کی تلاش و تحقیق میں بھی ان کو خاص امتیاز حاصل تھا اور ان کی صفت میں بہت کم صحابہ ان کے شریک تھے، کتب حدیث میں کثرت سے اس کی مثالیں موجود ہیں۔

امام زہری جو کبار تابعین میں سے تھے وہ فرماتے ہیں: "کانت عائشۃ اعلم الناس یسالھا الاکابر من اصحاب رسول اللہ صلی اللہ علیہ وسلم" (۱۲)، یعنی حضرت عائشہ تمام لوگوں میں سب سے زیادہ علم رکھنے والی تھیں، بڑے بڑے صحابہ کرام ان سے مسائل دریافت کرتے تھے۔ دوسری جگہ اس طرح رقمطراز ہیں: "اگر تمام ازواج مطہرات کا علم بلکہ تمام مسلمان عورتوں کا علم جمع کیا جائے تو حضرت عائشہ کا علم سب سے اعلی و افضل ہوگا" (۱۳)۔

حضرت عائشہ فتوی اور درس دیا کرتی تھیں، یہی نہیں بلکہ آپ نے صحابہ کرام کی لغزشوں کی بھی نشاندہی فرمائی، علامہ جلال الدین سیوطی اور زرکشی رحمہما اللہ نے اس موضوع پر "الاصابۃ فیما استدرکتہ عائشۃ علی الصحابۃ" کے نام پر مستقل کتاب لکھ رکھی ہے، حضرت عائشہ سے روایت کرنے والے صحابہ و تابعین کی تعداد سو سے متجاوز ہے (۱۴)۔

ازواج مطہرات میں حضرت عائشہ کے بعد حضرت ام سلمہ رضی اللہ عنہا علم حدیث میں ممتاز نظر آتی ہیں، علم حدیث میں ان کے مقام و مرتبہ کے متعلق محمد بن لبید فرماتے ہیں: "کان ازواج النبی صلی اللہ علیہ وسلم یحفظن من حدیث النبی صلی اللہ علیہ

وسلم کثیر امثلا عائشۃ وام سلمۃ" (۱۵)، یعنی عام طور سے رسول اللہ صلی اللہ علیہ وسلم کی ازواج مطہرات آپ کی حدیثوں کو بہت زیادہ محفوظ رکھتی تھیں، مگر حضرت عائشہ اور ام سلمہ اس سلسلہ میں سب سے ممتاز تھیں۔ حضرا ام سلمہ سے (۳۷۸) حدیثیں مروی ہیں (۱۶)۔ ان کے فتوے بکثرت پائے جاتے ہیں، علامہ ابن القیم رحمہ اللہ نے "اعلام الموقعین" میں لکھا ہے: "اگر ام سلمہ رضی اللہ عنہا کے فتوے جمع کئے جائیں تو ایک چھوٹا سا رسالہ تیار ہو سکتا ہے (۱۷)، ان کا شمار محدثین کے تیسرے طبقہ میں ہے۔ ان کے تلامذہ حدیث میں بے شمار تابعین اور بعض صحابہ بھی شامل ہیں۔

ان دونوں کی طرح دوسری ازواج مطہرات نے بھی حدیث کی روایت اور اشاعت میں حصہ لیا اور ان سے بھی بڑے جلیل القدر صحابہ اور تابعین نے احادیث حاصل کیں، جیسے حضرت میمونہ ہیں۔ ان سے (۷۶)، ام حبیبہ سے (۶۵)، حفصہ سے (۶۰)، زینب بنت جحش سے (۱۱) جویریہ سے (۷) سودہ سے (۵)، خدیجہ سے (۱)، مزید براں آپ کی دونوں لونڈیوں میمونہ اور ماریہ قبطیہ رضی اللہ عنہن سے دو دو حدیثیں مروی ہیں۔

امہات المومنین کے علاوہ صحابیات میں مشکل ہی سے کوئی صحابیہ ایسی ہوں گی جن سے کوئی نہ کوئی روایت موجود نہ ہو، چنانچہ آپ کی پیاری بیٹی لخت جگر حضرت فاطمہ رضی اللہ عنہا سے (۱۸)، آپ کی پھوپھی حضرت صفیہ سے (۱۱) حدیثیں مروی ہیں (۱۸)۔ عام صحابیات میں سے حضرت ام خطل سے (۳۰) حدیثیں مروی ہیں، حضرت ام سلیم اور ام رومان سے چند حدیثیں مروی ہیں، ام سلیم سے بڑے بڑے صحابہ مسائل دریافت کرتے تھے، ایک بار کسی مسئلہ میں حضرت عبد اللہ بن عباس اور حضرت زید بن ثابت میں اختلاف ہوا تو دونوں نے ان ہی کو حکم مانا (۱۹)۔ حضرت ام عطیہ سے متعدد صحابہ و تابعین نے روایت کیا اور صحابہ و تابعین ان سے مردہ کو نہلانے کا طریقہ سیکھتے تھے (۲۰)۔

مسانید صحابیات

صحابیات کی کثرت روایت اور ان کی خدمت حدیث کا اندازہ اس سے کیا جاسکتا ہے کہ امام احمد بن حنبل نے (۱۴۰) سے زائد صحابیات کا تذکرہ لکھا ہے، اسی طرح "اسد الغابۃ" اور "الاصابۃ فی تمییز الصحابۃ" میں (۵۰۰) سے زائد صحابیات کے تراجم موجود ہیں، "تہذیب التہذیب" میں (۲۳۳) خواتین اسلام کا تذکرہ ہے جن میں بیشتر صحابیات ہیں (۲۱)۔

تابعیات و تبع تابعیات

صحابیات کی صحبت اور ایمان کی حالت میں جن خواتین نے پرورش پائی یا ان سے استفادہ کیا ان کو تابعیات کہا جاتا ہے، صحابیات کی طرح تابعیات نے بھی فن حدیث کی حفاظت و اشاعت اور اس کی روایت اور درس و تدریس میں کافی حصہ لیا اور بعض نے تو اس فن میں اتنی مہارت حاصل کی کہ بہت سے کبار تابعین نے ان سے اکتساب فیض کیا۔ حافظ ابن حجر رحمہ اللہ کی کتاب "تقریب التہذیب" کی ورق گردانی کرنے سے یہ بات مترشح ہو جاتی ہے کہ صحابیات کی طرح تابعیات کی ایک بڑی تعداد نے روایت و تحمل حدیث میں انتھک کوشش کی، چنانچہ ان کے اعداد و شمار کے مطابق (۱۲۱) تابعیات اور (۲۶) تبع تابعیات ہیں۔ البتہ "تقریب التہذیب" کے مطالعہ سے یہ بات ظاہر ہوتی ہے کہ ان تابعیات میں کچھ پائے ثقاہت کو پہنچی ہیں، زیادہ تعداد میں مجہولات پائی جاتی ہیں۔ چند مشہور تابعیات کی خدمت کا تذکرہ کیا جاتا ہے:

حضرت حفصہ بنت سیرین

انہوں نے متعدد صحابہ و تابعین سے روایت کی ہے، جس میں انس بن مالک اور ام عطیہ وغیرہ ہیں اور ان سے روایت کرنے والوں میں ابن عون، خالد الحذاء، قتادہ وغیرہ شامل ہیں (۲۲)۔ جرح و تعدیل کے امام یحیی بن معین نے ان کو "ثقۃ حجۃ" فرمایا(۲۳)۔ ایاس بن معاویہ فرماتے ہیں: "ما ادرکت احدا افضلتہ علی حفصۃ" (۲۴) میں نے حفصہ سے زیادہ فضل والا کسی کو نہیں پایا۔ امام ذہبی سے انہیں حفاظ حدیث کے دوسرے طبقہ میں شامل کیا ہے (۲۵)۔

عمرہ بنت عبد الرحمن

یہ حضرت عائشہ رضی اللہ عنہا کی خاص تربیت یافتہ اور ان کی احادیث کی امین تھیں، ابن المدینی فرماتے ہیں " حضرت عائشہ کی حدیثوں میں سب سے زیادہ زیادہ قابل اعتماد احادیث عمرہ بنت عبد الرحمن، قاسم اور عروہ کی ہیں"۔ محمد بن عبد الرحمن فرماتے ہیں کہ مجھ سے عمر بن عبد العزیز نے فرمایا: "مابقی احد اعلم بحدیث عائشۃ" (۲۶) اس وقت حضرت عائشہ کی احادیث کا ان سے بڑا کوئی جاننے والا موجود نہیں ہے۔ ابن سعد نے ان کو "عالمہ" لکھا ہے (۲۷)۔ اور امام ذہبی نے ان کو تابعین کے تیسرے طبقہ میں شمار کیا ہے (۲۸)۔ اور ابن المدینی نے "احد ثقات العلماء" (۲۹) کے الفاظ استعمال کئے ہیں۔ حضرت عائشہ کے علاوہ دوسرے صحابہ کرام سے بھی انہوں نے روایتیں کی ہیں۔ ان سے روایت کرنے والوں میں تیرہ سے زیادہ کبار تابعین ہیں۔ ۱۰۳ھ یا ۱۱۶ھ میں وفات پائی (۳۰)۔

روایت حدیث کے مختلف ادوار

خیر القرون کے تذکرے کے بعد متاخرین کے مختلف ادوار کا تذکرہ بھی مناسب

معلوم ہوتا ہے، ان ادوار میں بھی محدثین اور رواۃ کے ہمراہ راویات و محدثات کی ایک لمبی فہرست دستیاب ہوتی ہے جنہوں نے حفاظت حدیث کی ذمہ داری اپنے ناتواں کندھوں پر اٹھائی۔ خدمت حدیث کی نوعیت علیحدہ علیحدہ اور مختلف ہے۔ کوئی اپنے زمانہ کی شیخۃ الحدیث تھی، کسی کا مسکن علم حدیث کا مرکز تھا، کسی نے حدیث کی تلاش و جستجو میں محرم کے ساتھ اپنے گھر کو خیر باد کہا، تو کسی نے محدثین کے ایک جم غفیر کو روایت حدیث کی اجازت مرحمت فرمائی۔ کسی نے حدیث کی مخصوص کتاب صحیح بخاری کا درس دیا، کتب سنہ اور دیگر کتب حدیث میں سینکڑوں حدیثیں ایسی ہیں جو کسی محدثہ یا راویہ کے توسط سے مروی ہیں۔ امام بخاری، امام شافعی، امام ابن حبان، امام ابن حجر، امام سیوطی، امام سخاوی، عراقی، سمعانی اور امام ابن خلکان رحمہم اللہ جیسے اساطین علم وفن اے اساتذہ کی فہرست میں متعدد خواتین اسلام کے نام ملتے ہیں (۳۱)، جن سے یہ حقیقت واضح ہو جاتی ہے خواتین نے اپنے ذاتی ذوق و شوق کی بنیاد پر نہ صرف علم حدیث کو حاصل کیا بلکہ اس کی نشر و اشاعت کا فریضہ بھی انجام دیا ہے۔ جس طرح محدثین اور علم حدیث سے شغف رکھنے والوں اور خدمت حدیث میں دل چسپی رکھنے والوں کی تعداد وافر مقدار میں پائی جاتی ہے، اسی خواتین اسلام کی بھی ایک طویل فہرست کتب اسماء ورجال کی ورق گردانی کے بعد دستیاب ہوتی ہے، چنانچہ چوتھی صدی ہجری سے لے کر دسویں صدی ہجری کی محدثات اور راویات اور خدمت حدیث میں اپنے نام کو روشن کرنے والیوں کا ایک تذکرہ پیش کیا جارہا ہے:

چوتھی صدی ہجری میں پانچ خواتین، پانچویں صدی ہجری میں پندرہ، چھٹی صدی ہجری میں پچھتر، ساتویں صدی ہجری میں پینسٹھ، آٹھویں صدی ہجری میں ایک سو بانوے، نویں صدی ہجری میں ایک سو اکسٹھ اور دسویں صدی ہجری میں تین خواتین

اسلام نے مختلف حوالوں سے خدمت حدیث کا کا انجام دیا (۳۲)۔ ان کے علاوہ بہت ساری محدثات اور راویات ہیں، لیکن ان کی تاریخ وفات نیز ان کے اساتذہ اور تلامذہ کا سراغ نہ لگنے کی وجہ سے صدی متعین نہ ہو سکی، جس کی وجہ سے ان کا تذکرہ نہیں کیا گیا۔ بہر حال خادمات حدیث کے جو اعداد و شمار بھی آپ کی نگاہوں سے گزرے ان سے آپ مسلم خواتین کی سرگرمیوں کا اندازہ بخوبی لگا سکتے ہیں، نیز حفاظت حدیث اور اس کی نشر و اشاعت میں ان کی تگ و دو کا ہلکا سا پس منظر بھی آپ کے سامنے آ گیا ہو گا۔ (ان تمام تر خدمات دینیہ کے ساتھ ساتھ وہ اسلامی اقدار کی پاسداری میں بھی اپنی مثال آپ تھیں)۔

تحصیل حدیث کے لئے سفر

جس طرح احادیث رسول صلی اللہ علیہ وسلم کی تلاش و جستجو میں محدثین نے عالم اسلام کی خاک چھانی ہے اور جملہ نوائب و مصائب کو برداشت کیا، ابتدائی دور میں احادیث و آثار کی روایت اور ان کی تدوین کے لئے بہت لمبے لمبے اسفار کئے تھے، لیکن بعد میں سند عالی کی طلب بھی ان اسفار کا سبب بن گئی، اسی خواتین اسلام نے بھی اپنی صنفی حیثیت و صلاحیت کے مطابق شرعی پردہ میں رہ کر تحصیل حدیث کے لئے دور دراز ملکوں اور شہروں کا سفر کیا اور محدثین کی فہرست میں اپنا نام درج کروایا (۳۳)۔

ام علی تقیہ بنت ابو الفرج بغدادیہ نے بغداد سے مصر جا کر قیام کیا اور اسکندریہ میں امام ابو طاہر احمد بن محمد السلفی سے اکتساب علم کیا (۳۴)۔ اسی طرح زینب بنت برہان الدین اردبیلیہ کی ولادت مکہ مکرمہ میں ہوئی، ہوش سنبھالنے کے بعد انہوں نے اپنے چچا کے ساتھ بلاد عجم کا سفر کیا اور بیس سال کے بعد مکہ مکرمہ واپس آئیں (۳۵)۔ ام محمد

زینب بنت احمد بن عمر کا وطن بیت المقدس تھا، امام ذہبی نے ان کو "المعمرۃ الرحالۃ" کے القاب سے یاد کیا ہے، کیونکہ دور دراز کا سفر کر کے تحصیل علم اور حدیث کی روایت میں مشہور تھیں، اسی وجہ سے بعد میں دور دراز ملکوں کے طلبہ حدیث ان سے روایت کرتے تھے (۳۶)۔ (یاد رہے کہ ان محدثات کے یہ اسفار محرم کے بغیر ہر گز نہ ہوتے تھے اور ان کی درسگاہیں بھی اسلامی اقدار اور حجاب کی پابندی میں ہوتی تھی)۔

محدثات کی درس گاہیں

ان خواتین اسلام پاک طینت محدثات اور راویات سے شرف تلمذ حاصل کرنے کے لئے مختلف علاقوں اور دور دراز ملکوں سے طلبہ حدیث جوق در جوق حاضر ہوتے تھے اور ان سے روایت کرنے کو اپنے لئے باعث صد افتخار تصور کرتے تھے، ان کی درس گاہوں میں طلبہ ہی نہیں بلکہ ائمہ و حفاظ حدیث بھی آکر اکتساب فیض کرتے تھے۔ ام محمد زینب بنت مکی حرانیہ نے چورانوے سال کی عمر تک حدیث کا درس دیا اور ان کی درس گاہ میں طلبہ کا کافی ہجوم رہا کرتا تھا، امام ذہبی نے لکھا ہے: "وازدحم علیہا الطلبۃ" (۳۷)۔ ام عبداللہ زینب بنت کمال الدین مقدسیہ مسندۃ الشام کی پوری زندگی احادیث کی روایت اور کتب حدیث کی تعلیم میں گزری، ان کی درس گاہ میں طلبہ کی کثرت ہوا کرتی تھی، امام ذہبی نے لکھا ہے: "تکاثر علیہا و تفردت وروت کتبا کثیرا" (۳۸)۔

علم حدیث میں خواتین کی تدریسی خدمات

عام طور سے محدثات کی مجلس درس ان کی رہائش گاہوں میں منعقد ہوتی تھی اور طلبہ حدیث وہیں جا کر استفادہ کرتے تھے، جیسا کا امام ذہبی اور ابن الجوزی نے ان سے

روایت کے سلسلہ میں ان کی قیام گاہوں کی نشاندہی کی ہے، مگر بعض محدثات نے مختلف شہروں میں بھی درس دیا ہے اور دینی علم کو عام کیا ہے (۳۹)۔ خلدیہ بنت جعفر بن محمد بغداد کی باشندہ تھیں، ایک مرتبہ وہ بلاد عجم کے سفر میں نکلیں تو مقام دینور میں ان سے خطیب ابوالفتح منصور بن ربیعہ زہری نے حدیث کی روایت کی (۴۰)۔ مسندۃ الوقت ست الوزراء بنت عمر تنوخیہ نے متعدد بار مصر اور دمشق میں صحیح بخاری اور مسند امام شافعی کا درس دیا(۴۱)۔

علم حدیث میں خواتین کی تفصیلی خدمات:

مسلم خواتین نے صرف درس و تدریس اور روایت ہی سے اشاعت حدیث کا کام نہیں لیا، بلکہ محدثین کی طرح تصنیف و تالیف، کتب احادیث کے نقل اور اپنی مرویات کی کتابی شکل میں مدون کر کے محفوظ کیا، نیز فن اسماء و رجال و فن حدیث میں بھی کتابیں تصنیف کیں اور اپنی نفع بخش تالیفات سے مکتبات اسلامیہ کو مالامال کیا اور دنیا کے کتب خانوں کو سنوارنے اور انہیں زیب و زینت بخشنے میں ان اہل قلم محدثات کا بڑا دخل رہا ہے، اس مختصر مقالہ میں تمام صاحب قلم خواتین اور ان کی تصنیفات کا احصاء تو ممکن نہیں، البتہ بطور مثال چند مسلم خواتین کا نام اور ان کی مولفات کا نام پیش کیا جارہا ہے:

۱- ام محمد فاطمہ بنت محمد اصفہانی کو تصنیف و تالیف میں بڑا اچھا سلیقہ حاصل تھا، انہوں نے بہت ہی عمدہ عمدہ کتابیں تصنیف کی تھیں، جن میں "الرموز من الکنوز" پانچ جلدوں میں آج بھی موجود ہے (۴۲)۔

۲- طالبہ علم: انہوں نے ابن حبان کی مشہور کتاب "المجروحین" میں مذکور احادیث کی فہرست تیار کی ہے۔

۳- عجیبہ بنت حافظ بغدادیہ: انہوں نے اپنے اساتذہ و شیوخ کے حالات اور ان کے مسموعات پر دس جلدوں میں "المشیخۃ" نامی کتاب لکھی (۴۳)۔

۴- ام محمد شہدہ بنت کمال: ان کو بہت سی حدیثیں زبانی یاد تھیں۔ لہذا انہوں نے بہت سی احادیث کو کتابی شکل میں یکجا کیا (۴۴)۔

۵- امۃ اللہ تسنیم: یہ علامہ ابو الحسن علی ندوی کی بہن ہیں، انہوں نے امام نووی کی کتاب "ریاض الصالحین" کا اردو ترجمہ "زادِ سفر" کے نام سے کیا ہے۔

دورِ حاضر اور خدمات حدیث میں خواتین کا کردار

عصرِ حاضر میں ہمارے ملک ہندوستان میں شاید ہی کوئی ایسا جماعتی ادارہ ہو جس کے ساتھ "شعبہ بنات" منسلک و مربوط نہ ہو۔ فی الحال تقریباً جماعت اہل حدیث کے سینکڑوں ادارے خواتین اسلام کی تعلیم و تربیت کی ذمہ داری اٹھائے ہوئے ہیں اور جہاں دیگر علوم وفنون کے ساتھ ساتھ علم حدیث، اصول حدیث اور فقہ و اصول فقہ کی بھی خاطر خواہ تعلیم دی جاتی ہے، آئندہ نسلوں کے لئے یہ بہترین خوش آئند شئ ہے اور ہو بھی کیوں نہ جبکہ نسواں مدارس اسلامیہ میں فی الحال کتنی معلمات ایسی ہیں جو درس حدیث کے منصب پر فائز ہیں۔

خلاصۂ کلام

حاصل کلام یہ ہے کہ خیر القرون سے لے کر عصر حاضر تک ہر دور میں کم و بیش خواتین اسلام نے علم حدیث کی اشاعت میں جو خدمات جلیلہ انجام دی ہیں خواہ تعلیم و تدریس کے میدان میں ہو، یا تصنیف و تالیف کے میدان میں وہ قابل تعریف وستائش

اور ناقابل فراموش ہے اور پورے وثوق واعتماد کے ساتھ کہا جاسکتا ہے کہ خواتین اسلام کی علمی خدمات سے چشم پوشی کرنا تاریخ کے ایک روشن باب کو صفحۂ ہستی سے ناپید کرنا ہے۔

آخر میں اللہ رب العالمین سے دعا گو ہوں کہ الٰہی ان خواتین اسلام کی علمی خدمات اور مساعی جمیلہ کو شرف قبولیت عطا فرما، نیز ہم طالبان علوم نبوت کو علم کے ساتھ ساتھ اس پر عمل پیرا ہونے کی توفیق عنایت فرما، آمین۔

حواشی

(۱) سورہ محمد: ۱۹۔

(۲) سورہ الزمر: ۹

(۳) سورہ مجادلہ: ۱۱۔

(۴) صحیح سنن ابن ماجہ: ۱۱؍۴۵/۲۳۱۔

(۵) صحیح سنن ابن ماجہ: ۱/ ۴۴/ ۱۸۳، باب فضل العلماء والحث علی طلب العلم۔

(۶) سورہ الحجرات: ۱۳۔

(۷) سورہ الروم: ۲۱۔

(۸) صحیح البخاری مع الفتح: ۱/ ۱۹۵/ ۱۰۱، کتاب العلم باب ہل یجعل للنساء یوم علی حدۃ فی العلم۔

(۹) خاتون اسلام ص ۶۹، تالیف: ڈاکٹر مقتدی حسن ازہری۔

(۱۰) بقی بن مخلد القرطبی ص ۹۷، تدریب الراوی: ۲۰/ ۷۷/ ۶۷۔

(۱۱) خدمت حدیث میں خواتین کا حصہ ص ۱۷، تالیف: مجیب اللہ ندوی۔

(۱۲) تہذیب التہذیب: ۱۲/ ۴۶۳، سیر الصحابیات ص ۲۸۔

(۱۳) تہذیب التہذیب: ۱۲/ ۴۶۳، الاستیعاب: ۴/ ۱۸۸۳۔

(۱۴) تہذیب التہذیب: ۱۲/ ۴۶۱، ۴۶۳۔

(۱۵) طبقات ابن سعد: ۲/ ۳۷۵۔

(۱۶) بقی بن مخلد القرطبی ص ۸۱، سیر الصحابیات ص ۹۔

(۱۷) اعلام الموقعین لابن قیم الجوزیۃ: ۱/ ۱۵۔

(۱۸) بقی بن مخلد القرطبی ص ۸۴/ ۱۶۰۔

(۱۹) مسند احمد: ۶/ ۴۳۰، منقول از خدمت حدیث میں خواتین کا حصہ ص ۱۲۔

(۲۰) تہذیب التہذیب: ۱۲/ ۴۵۵۔

(۲۱) تہذیب التہذیب: ۱۲/ ۴۲۶-۵۱۶۔

(۲۲) تہذیب التہذیب: ۱۲/ ۴۳۸۔

(۲۳) تہذیب التہذیب: ۱۲/ ۴۳۸۔

(۲۴) تہذیب التہذیب: ۱۲/ ۴۳۸۔

(۲۵) تذکرۃ الحفاظ: ۱/ ۹۔

(۲۶) تہذیب التہذیب: ۱۲/ ۴۶۶۔

(۲۷) تہذیب التہذیب: ۱۲/ ۴۶۶۔

(۲۸) تذکرۃ الحفاظ: ۱/ ۹۴۔

(۲۹) تہذیب التہذیب: ۱۲/ ۴۶۶۔

(۳۰) تہذیب التہذیب: ۱۲/ ۴۶۶۔

(۳۱) تلخیص از ماہنامہ السراج مارچ ۲۰۰۱ء ص ۲۴۔

(۳۲) تلخیص از مجلہ الفرقان جولائی تا ستمبر ۲۰۰۲ء ص ۲۶-۳۷۔

(۳۳) خواتین اسلام کی دینی و علمی خدمات ص ۲۹-۳۰۔

(۳۴) ابن خلکان ۱/۱۰۳۔

(۳۵) العقد الثمین: ۸/۲۲۴۔

(۳۶) ذیل العبر للذہبی: ص ۱۲۶۔

(۳۷) العبر: ۵/۳۵۸۔

(۳۸) العبر: ۵/۲۱۳۔

(۳۹) خواتین اسلام کی دینی و علمی خدمات ص ۵۴۔

(۴۰) تاریخ بغداد: ۱۴/۴۴۴۔

(۴۱) خواتین اسلام کی دینی و علمی خدمات ص ۵۴۔

(۴۲) العقد الثمین: ۸/۲۰۲۔

(۴۳) العبر للذہبی: ۵/۱۹۴۔

(۴۴) ذیل العبر للذہبی: ص ۴۹

***

اکابرینِ اُمت کی تعلیم وتربیت میں خواتین کا کردار

مولانا عصمت اللہ نظامانی

دورِ حاضر میں یہ بات نظر آرہی ہے کہ مسلمان اپنے اکابرین، علمائے کرام، فقہائے عظام، حضرات محدثین اور دیگر صلحاء ومشاہیر کے تذکروں، ان کے کارہائے نمایاں اور علمی، دینی، ملّی وسماجی خدمات سے تو کچھ واقف ہیں، یعنی امتِ مسلمہ کے جلیل القدر مرد حضرات کی حیات اور ان کے اعلیٰ کارناموں سے تو تھوڑا بہت آشنا ہیں، لیکن ان اکابرینِ اُمت کی تعلیم وتربیت اور شخصیت سازی میں جنھوں نے اہم کردار ادا کیا، خود گم نام رہ کر، تکالیف ومصائب برداشت کرکے ان مشاہیر کو اُمت کے لیے رہنما وپیشوا بنایا، یعنی مسلمان عفت مآب خواتین، ان کے حالات اور اکابرینِ امت کی تعلیم وتربیت اور رجال سازی میں ان کے نمایاں کردار پر ابھی تک گمنامی کے پردے پڑے ہیں۔

حالانکہ وقت کا یہ اہم تقاضا ہے کہ ان عفت مآب خواتین کا تذکرہ اور مشاہیر علماء کی تعلیم وتربیت کے سلسلے میں ان کا کردار لوگوں کے سامنے نمایاں کیا جائے، تاکہ موجود دور کی خواتین کو معلوم ہو کہ عورت صرف ایک فرد کی تربیت نہیں کرتی، بلکہ وہ امت کے رہنما، اور ایک معاشرے کی تربیت کرتی ہے۔ عورت تاریخ ساز افراد کی پرورش کرتی ہے۔ اس کی گود سے قوم کا سر فخر سے بلند کرنے والے بھی تیار ہوسکتے ہیں۔

لہٰذا درجِ ذیل اکابرینِ امت کی تعلیم وتربیت میں خواتین کا کردار مختصر طور پر ذکر

کیا جارہا ہے، تا کہ ہمیں معلوم ہو کہ مسلمان عفت مآب خواتین نے کیسی بڑی خدمات پیش کی ہیں، اور ان کی کتنی بڑی ذمہ داری ہے۔

بچوں کی تعلیم وتربیت کی طرف خواتینِ اسلام کا رجحان

اولاد کی تعلیم و تربیت سے متعلق قرآنی آیات اور نبی کریم صلی اللہ علیہ وسلم کے ارشادات کی وجہ سے خواتین کو اپنے بچوں کے مستقبل اور ان کی تعلیم وتربیت کی فکر تھی، چنانچہ حضور صلی اللہ علیہ وسلم کی پھوپھی حضرت صفیہ رضی اللہ عنہا اپنے بیٹے زبیر بن عوام پر بچپن میں بغرضِ تربیت سختی کرتیں اور تادیباً مارتی بھی تھیں، جیسا کہ علامہ ابنِ حجرؒ وغیرہ نے ذکر کیا ہے۔(۱)

اس سلسلے میں حضرت حسن بصریؒ سے مروی ایک قصہ دلچسپی سے خالی نہیں ہوگا کہ ایک مرتبہ میاں بیوی کے درمیان اپنے بچے کی پرورش سے متعلق اختلاف ہوا، وہ دونوں قاضی کے پاس گئے، چونکہ بچہ سمجھدار تھا، لہٰذا قاضی نے بچے کو اختیار دیا اور پوچھا کہ وہ کس کے پاس جاکر رہنا چاہے گا؟ بچے نے اپنے والد کو چُنا۔ اس پر ماں نے قاضی سے کہا کہ بچے سے یہ پوچھیے کہ اس نے والد کو کیوں چنا ہے؟ قاضی نے بچے سے سوال کیا تو اس نے کہا:

"أمي تبعثني كل يوم للكتاب، والفقيه يضربني، وأبي يتركني للعب مع الصبيان۔"

ترجمہ: "میری ماں مجھے روزانہ تعلیم وکتابت سیکھنے کے لیے فقیہ کے پاس بھیجتی ہے، اور فقیہ غلطی پر مجھے مارتا ہے، جبکہ میرا والد مجھے دوسرے بچوں کے ساتھ کھیلنے کے لیے چھوڑ دیتا ہے۔"

بچے کا یہ جواب سن کر قاضی نے ماں کے حق میں فیصلہ کر دیا اور کہا کہ تم ہی اس کی

زیادہ حقدار ہو۔(۲)

امام اوزاعیؒ کی تعلیم و تربیت میں ان کی والدہ کا کردار

حضراتِ محدثین میں سے چوٹی کے محدث امام اوزاعی عبد الرحمٰن بن عمروؒ سے حدیث کا کوئی طالب علم ناآشنا نہیں ہو گا۔ سفیان ثوریؒ جیسے عظیم محدث بھی ان کے اونٹ کی نکیل پکڑ کر چلے ہیں۔(۳) ان کے بچپن میں ہی والد کا سایہ سر سے اُٹھ گیا تھا، چنانچہ ان کی والدہ نے ان کی پرورش کی۔ وہ ان کو لے کر مختلف شہروں کی طرف ہجرت کا سفر کرتی تھیں، تاکہ ان کا بیٹا علم حاصل کر سکے۔ مشہور محدث ولید بن مزید امام اوزاعیؒ کی حالت پر تعجب کیا کرتے اور فرماتے تھے:

"کان الأوزاعي یتیمًا فقیرًا في حجر امرأة تنقلہ من بلد إلی بلد۔"

ترجمہ: "امام اوزاعیؒ یتیم، غریب اور ایسی عورت کے زیرِ کفالت تھے جو اُن کو ایک شہر سے دوسرے شہر لے کر جاتی تھی۔"

اور اپنے بیٹے سے کہتے تھے:

"یا بُني! عجزت الملوک أن تؤدب أنفسہا وأولادہا أدبہ في نفسہ۔"(۴)

ترجمہ: "اے میرے بیٹے! بادشاہ و سلاطین عاجز ہیں کہ اپنی ذات اور اولاد کو ایسا ادب سکھلائیں، جیسا امام اوزاعیؒ کا ادب تھا۔"

اس طرح اسفار کی مشقت اور دیگر تکالیف برداشت کر کے اس بیوہ خاتون نے اپنے یتیم بیٹے کی ایسی تربیت کی کہ وہ آگے چل کر فخر محدثین بن گیا۔

امام شافعیؒ کی تعلیم و تربیت میں ان کی والدہ کا کردار

امام شافعی محمد بن ادریسؒ سے کون ناواقف ہو گا، ان کے علمی مقام کا اعتراف موافقین اور مخالفین سب کو ہے، لیکن یہ بات بہت کم لوگوں کو معلوم ہو گی کہ ان کی تعلیم و تربیت اور شخصیت سازی میں ان کی والدہ فاطمہ بنت عبد اللہ کا کتنا بڑا کردار تھا، چنانچہ علامہ ابن منظورؒ نے ان کے بارے میں لکھا ہے:

"وہي التي حملت الشافعي إلى اليمن وأدبتہ۔"(۵)

ترجمہ: "ان کی والدہ ہی انہیں یمن لائی تھیں اور ان کو ادب سکھلایا تھا۔"

امام شافعیؒ بہت چھوٹے تھے کہ ان کے والد کا انتقال ہو گیا، چنانچہ ان کی والدہ نے اکیلے ہی ان کی کفالت و پرورش کی اور تعلیم و تربیت کی طرف توجہ دی، اور پھر جب وہ کچھ بڑے ہوئے تو ان کی والدہ کو اندیشہ ہوا کہ اہلِ علم سے دور رہ کر کہیں ان کے بیٹے کو علمی نقصان نہ ہو، چنانچہ ان سے کہا: "الحق بأہلک فتکون مثلھم" یعنی "اپنے رشتہ داروں (قریش، جو اہل علم تھے) سے جا کر ملو، تاکہ تم بھی ان جیسے ہو جاؤ۔"(٦)

مالی حالات ان کے کافی کمزور تھے، یہاں تک کہ امام شافعیؒ کی والدہ کے پاس معلم کو دینے کے لیے بھی کچھ نہیں تھا، جیسا کہ امام شافعیؒ نے ذکر کیا ہے:

"کنت یتیماً في حجر أمي، ولم یکن معہا ما تعطي المعلم۔"

ترجمہ: "میں اپنی والدہ کی پرورش میں یتیم تھا، اور ان کے پاس معلم کو دینے کے لیے کوئی چیز بھی نہیں تھی۔"

لیکن آفرین ہو اس ماں پر، اپنے بیٹے کے تعلیمی سفر کے اخراجات پورے کرنے کی خاطر اپنا گھر گروی رکھ دیا، چنانچہ امام شافعیؒ فرماتے ہیں:

"ولم یکن عند أمي ما تعطیني أتحمل بہ، فرہنت دارہا علی ستۃ عشر دیناراً، ودفعتہا إلي۔"

(۷)

ترجمہ: "میری والدہ کے پاس مجھے دینے کے لیے کچھ نہیں تھا، جسے میں سفر پر لے جاتا، چنانچہ انہوں نے سولہ ۱۶ دینار پر اپنا گھر گروی رکھا، اور وہ رقم مجھے دے دی۔"

پھر دنیا نے دیکھا کہ اس تعلیم و تربیت کا نتیجہ ایک بہت بڑے فقیہ اور امام کی صورت میں نکلا، جس کی تعلیمات سے امت آج تک مستفید ہو رہی ہے۔

امام احمد بن حنبلؒ کی تعلیم و تربیت میں ان کی والدہ کا کردار

مشہور و معروف محدث و فقیہ امام احمد بن حنبلؒ کی تعلیم و تربیت میں بھی ان کی والدہ کا خصوصی کردار ہے۔ ان کے والد محمدؒ کا جوانی میں تقریباً تیس سال کی عمر میں انتقال ہو گیا تھا، چنانچہ ان کی والدہ صفیہ نے ہی ان کی پرورش اور تعلیم و تربیت کی طرف دھیان دیا۔(۸)

امام احمد بن حنبلؒ نے تعلیم کی غرض سے محدثین کے پاس جانا شروع کیا تو وہ صبح سویرے اٹھتے تھے تو ان کی والدہ بھی ان کے لیے جاگ جاتی تھیں۔ اور بسا اوقات وہ رات کے آخری پہر میں اٹھ کر درس کے لیے جانا چاہتے تو اس وقت بھی ان کی والدہ بیدار ہو جاتیں، اور اپنی مامتا سے مجبور ہو کر بیٹے کو صبح ہونے تک روکتی تھیں، چنانچہ امام احمدؒ فرماتے ہیں:

"كنت ربما أردت البكور إلى الحديث، فتأخذ أمي ثيابي وتقول: حتى يؤذن الناس، وحتى يصبحوا۔"(۹)

ترجمہ: "بسا اوقات میں طلبِ حدیث کے لیے جلدی جانا چاہتا تو میری والدہ میرے کپڑے پکڑ کر کہتیں: (تھوڑی دیر ٹھہرو) یہاں تک کہ لوگ اذان دے دیں، یا صبح کا اجالا ہو جائے۔"

امام احمد بن حنبلؒ کی والدہ نے دو موتی سنبھال کر رکھے تھے، چنانچہ جب امام صاحبؒ بڑے ہوئے، اور تعلیم کے سلسلے میں اخراجات کی ضرورت ہوئی تو انہوں نے وہ دونوں موتی اپنے بیٹے کے سپرد کر دیئے، جنہیں امام احمدؒ نے تقریباً تیس دراہم کے عوض فروخت کیا۔(۱۰)

امام احمد بن حنبلؒ کی والدہ ذی شعور تھیں، انہیں معلوم تھا کہ طلبِ علم کے لیے پُرخطر اور بڑے بڑے اسفار کرنے پڑتے ہیں، لیکن بہتر یہی ہے کہ طالبِ علم پہلے اپنے نزدیک اور قرب وجوار میں موجود مشائخ واساتذہ سے علم حاصل کرے، چنانچہ وہ بھی اپنے بیٹے کو پُرخطر سفر کرنے سے روکتی تھیں، اور امام احمدؒ بھی ان کی بات تسلیم فرماتے تھے۔

چنانچہ ایک مرتبہ مشہور محدث جریر بن عبد الحمیدؒ بغداد آئے تو امام احمدؒ سمیت دیگر طلبہ نے بھی ان سے استفادہ کیا، پھر جب وہ محدث دریائے دجلہ کی طغیانی سے بننے والی ایک بڑی نہر عبور کر کے شہر کے مشرقی جانب گئے تو بعض حضرات نے امام احمدؒ سے وہاں جانے کے بارے میں پوچھا تو انہوں نے یہ کہہ کر انکار کر دیا کہ: "أُمي لا تدعني" (۱۱) یعنی "میری والدہ مجھے اجازت نہیں دے گی۔"

امام احمد بن حنبلؒ کی والدہ کی اس بہترین تربیت اور شعور وفراست کی وجہ سے امام احمدؒ نے آگے چل کر جو بلند مقام حاصل کیا، وہ کسی سے مخفی نہیں ہوگا۔

علامہ ابنِ ہمامؒ کی تعلیم وتربیت میں ان کی نانی کا کردار

علامہ ابن ہمام محمد بن عبد الواحدؒ ایک مضبوط استعداد والے فقیہ اور محدث تھے، بڑے بڑے حضرات نے ان کے تبحّرِ علمی کی گواہی دی ہے، اور ان کی کتاب "فتح

القدیر" اس پر شاہدِ عدل ہے۔ علامہ ابنِ ہمامؒ کی تعلیم وتربیت میں ان کی نانی کا بہت بڑا کردار رہا ہے، اور وہ خود بھی ایک نیک خاتون تھیں۔ قرآن پاک کا بڑا حصہ انہیں یاد تھا۔

چنانچہ علامہ ابن ہمامؒ اپنے والد کے انتقال کے بعد اپنی نانی کے زیرِ کفالت وتربیت رہے۔ ان کی نانی انہیں اپنے ساتھ اسکندریہ سے قاہرہ لے آئیں، تاکہ وہ اچھی طرح علم حاصل کر سکیں، چنانچہ یہاں آکر علامہ ابنِ ہمامؒ طلبِ علم میں مشغول ہوئے اور قرآن پاک حفظ کیا اور ابتدائی تعلیم حاصل کی۔ پھر دوبارہ ان کی نانی انہیں اسکندریہ لے آئیں، جہاں انہوں نے مزید تعلیم حاصل کی، اور بڑے مشائخ واساتذہ کے سامنے زانوئے تلمّذ تہ کیے۔(۱۲)

اس عمر رسیدہ خاتون کو تو بعد میں آنے والوں نے بھلا دیا۔ کم ہی لوگوں کو معلوم ہوگا کہ وقت کے بڑے محدث وفقیہ ابنِ ہمام کی شخصیت سازی اور تربیت میں ان کی عمر رسیدہ نانی کا بڑا کردار ہے۔

خلاصہ یہ ہے کہ کئی مشہور فقہاء ومحدثین اور دیگر اکابرینِ امت کی تعلیم وتربیت میں خواتین کا اہم اور نمایاں کردار رہا ہے، وہ خود گمنام رہیں، لیکن انہوں نے امت کے لیے کئی رہنما وپیشوا تیار کیے، جنہوں نے مسلمانوں کے لیے دینی، علمی، سماجی اور ملّی خدمات انجام دیں، لہٰذا دورِ حاضر میں ایسی رجال ساز خواتین کا تذکرہ لوگوں کے سامنے پیش کرنا وقت کا اہم تقاضا ہے، تاکہ عہدِ حاضر کی مسلمان عفت مآب خواتین بھی ان کی پیروی کرکے ایک فرد کے بجائے رجالِ کار تیار کریں۔

حواشی وحوالہ جات

۱:- الإصابة في تمييز الصحابةؓ لابن حجر، (۲/۴۵۸)، رقم الترجمة: ۲۷۹۶، الناشر: دار الكتب

العلمية-بیروت، ط:١٤١٥ھ

٢:-زاد المعاد في هدي خير العباد لابن القيم، (٥/٤٢٤)، الناشر: مؤسسة الرسالة- بيروت، ط:١٤١٥ھ- ١٩٩٤ء

٣:-شذرات الذهب في أخبار من ذهب لابن عماد الحنبلي، (٢/٢٥٧)، الناشر: دار ابن كثير- دمشق، ط:١٤٠٦ھ- ١٩٨٦ء

٤:-تاريخ دمشق لابن عساكر، (٣٥/١٥٧)، الناشر: دار الفكر للطباعة والنشر، ط:١٤١٥ھ-١٩٩٥ء

٥:-مختصر تاريخ دمشق لابن منظور، (٢١/٣٥٨)، الناشر: دار الفكر للطباعة والنشر- دمشق، ط:١٤٠٢ھ- ١٩٨٤ء

٦:-سير أعلام النبلاء للذهبي، (١٠/١٠)، الناشر: مؤسسة الرسالة- بيروت، ط:١٤٠٥ھ-١٩٨٥ء

٧:-مختصر تاريخ دمشق لابن منظور،(٢١/٣٦٠)

٨:-سير أعلام النبلاء للذهبي،(١١/١٧٩)

٩:-الجامع لأخلاق الراوي وآداب السامع للخطيب،(١/١٥١)،الناشر: مكتبة المعارف، الرياض

١٠:-سير أعلام النبلاء للذهبي،(١١/١٧٩)

١١:-تاريخ بغداد للخطيب(٧/٢٦٦)،الناشر: دار الكتب العلمية-بيروت، ط:١٤١٧ھ

١٢:-الضوء اللامع لأهل القرن التاسع للسخاوي،(٨/١٢٧)،الناشر: دار الجيل، بيروت

***

علومِ اسلامی میں خواتین کی خدمات

ڈاکٹر محمد رضی الاسلام ندوی

اسلام میں خواتین کا مقام و مرتبہ واضح ہے۔ انہیں علمی اور عملی ہر طرح کی سرگرمیاں انجام دینے کی اجازت ہے۔ ان کے حقوق اور فرائض سب متعین کر دیے گئے ہیں۔ لیکن مقامِ حیرت وافسوس ہے کہ ان کے بارے میں اپنے اور پرایے سب غلط بیانی اور غلط فہمی کا شکار ہیں۔ ایک طرف اسلام کے مخالفین اور بدخواہ طرح طرح کے اعتراضات اور الزامات عائد کرتے ہیں۔ وہ کہتے ہیں کہ اسلام نے مردوں کے مقابلے میں عورتوں کو پست درجہ دیا ہے۔ انہیں گھر کی چہار دیواری میں قیدی بنا کر رکھا ہے۔ ان پر حجاب کی بندشیں عائد کر کے انہیں سماج سے بالکلیہ کاٹ دیا ہے اور کسی کو ان کی علمی صلاحیتوں سے فائدہ اٹھانے کی اجازت نہیں۔ ظاہر ہے کہ یہ اور اس طرح کے دیگر اعتراضات اسلام کی صحیح تعلیمات سے ناواقفیت کا نتیجہ ہیں۔ لیکن دوسری طرف یہ بھی ایک تلخ حقیقت ہے کہ اسلام کے نام لیوائوں نے اسلام میں خواتین کے مقام و مرتبہ کا صحیح تعارف نہیں کرایا ہے۔ یہی نہیں، بلکہ ان کا عملی رویّہ مخالفینِ اسلام کے مذکورہ بالا اعتراضات کی تائید و توثیق کرتا ہوا نظر آتا ہے۔

یہ واقعہ ہے کہ مسلمانوں کے دورِ زوال میں مسلم خواتین کو ان کا صحیح مقام نہیں دیا

گیا۔ انہیں محض توالد و تناسل کا ایک آلہ سمجھا گیا۔ صرف بچوں کی پرورش کرنا اور گھر گرہستی کے کاموں میں مصروف رہنا ان کا فرضِ منصبی قرار دیا گیا۔ علم کے دروازے ان پر بند رکھے گئے۔ تحصیلِ علم کے مواقع سے محرومی ان کا مقدّر ٹھہری اور افسوس کی بات تو یہ کہ اس ظلم و جبر اور حق تلفی کے لیے احادیثِ نبوی سے سندِ جواز فراہم کی گئی۔ کہا گیا کہ اللہ کے رسول ﷺ نے عورتوں کو 'ناقص العقل' قرار دیا ہے۔ اور اس سے مراد یہ لی گئی کہ ان میں عقل و فہم اور غور و فکر کی صلاحیتوں کی کمی ہوتی ہے، حالاں کہ جس موقع پر اللہ کے رسول ﷺ نے یہ بات ارشاد فرمائی تھی وہ وعظ و ارشاد اور تعلیم و تلقین کی مجلس تھی، نہ کہ کوئی قانون بتانے اور حکم لگانے کا موقع۔ اور سب جانتے ہیں کہ دونوں مواقع پر اندازِ بیان الگ الگ ہوتا ہے۔

ماہرین کہتے ہیں کہ عورتوں پر عقل کے مقابلے میں جذبات غالب رہتے ہیں اور مردوں پر جذبات کے مقابلے میں عقل کا غلبہ رہتا ہے۔ اور یہی دونوں کی ضروریات کے عین مطابق ہے۔ اس حدیث میں در حقیقت جذبات کے مقابلے میں عقل کی کمی کی بات کہی گئی ہے۔ [ملاحظہ کیجیے: محمد علی الصابونی، من کنوز السنۃ: دراسات أدبیۃ و لغویۃ من الحدیث الشریف، مکتبۃ الاقصیٰ مکۃ المکرمۃ، ۱۹۷۰ء، ص ۱۵۴، سمیعۃ نازش، مقالہ: دلالۃ سیاق بعض الاحادیث حول المرأۃ مقالاً و مقاماً، سہ ماہی الدراسات الاسلامیۃ، اسلام آباد، جلد ۵۱، شمارہ ۴، اکتوبر۔ دسمبر ۲۰۱۶ء]

اسی طرح کہا گیا کہ اللہ کے رسول ﷺ نے عورتوں کو لکھنا سکھانے سے منع کیا ہے۔ [اس کی روایت ابن حبان، حاکم اور بیہقی نے کی ہے] حالاں کہ یہ روایت سند کے اعتبار سے انتہائی ضعیف، بلکہ موضوع ہے۔ [ملاحظہ کیجیے: محمد ناصر الدین الالبانی، سلسلۃ الاحادیث الضعیفۃ والموضوعۃ و أثرھا السیئ علی الامۃ، ۵ / ۳۰، حدیث نمبر ۲۰۱۷، نیز سلسلۃ

الأحادیث الصحیحۃ، جلد اول، جزاول، ص٣٤٦۔٣٤٧۔ مزید ملاحظہ کیجیے: الشیخ شمس الحق عظیم آبادی کا رسالہ 'عقود الجمان فی جواز تعلیم الکتابۃ للنسوان'۔]

خواتین کا امتیازی کردار

اسلامی تاریخ پر نظر ڈالی جائے تو سماج کی تعمیر و ترقی میں خواتین کا کردار بڑا درخشاں اور مثالی نظر آتا ہے۔ ان کی خدمات ہمہ جہت ہیں۔ خاص طور سے علوم وفنون کی اشاعت کے میدان میں انہوں نے بہت سرگرمی سے حصہ لیا ہے۔ اسلام کی ابتدائی صدیوں میں ان کا یہ کردار بہت نمایاں نظر آتا ہے۔

علم کی نسل در نسل منتقلی میں خواتین نے اہم کردار نبھایا ہے۔ انہوں نے قرآن کریم حفظ کیا ہے اور حفظ کرایا ہے، تجوید اور علم قراءت میں مہارت حاصل کی ہے اور دوسروں کو یہ فن سکھایا ہے، اپنے شیوخ سے احادیثِ نبوی کا سرمایہ حاصل کیا ہے اور پوری حفاظت کے ساتھ اسے دوسروں تک پہنچایا ہے، فقہ سے اشتغال رکھا ہے اور اپنے فتاویٰ کے ذریعہ عوام کی رہ نمائی کی ہے، زہد وتصوف میں شہرت حاصل کی ہے اور وعظ وارشاد کی محفلیں سجائی ہیں۔ الغرض علوم وفنون اور خاص طور پر اسلامی علوم کا کوئی شعبہ ایسا نہیں ہے جو خواتین کا مرہونِ منت نہ ہو۔

علوم کی سرپرستی

فروغِ علم کا ایک اہم ذریعہ یہ ہے کہ تعلیم وتربیت کے لیے مکاتب، مدارس، رباطات، ادارے اور مراکز قائم کیے جائیں، ان کے لیے اوقاف خاص کیے جائیں، ان میں تعلیم دینے والوں کے لیے وظائف مقرر کیے جائیں اور تعلیم حاصل کرنے والوں کے

مصارف برداشت کیے جائیں۔ جن لوگوں نے خود کو علمی کاموں کے لیے وقف کرر کھا ہے انہیں معاشی تنگ ودور کرنے سے آزاد رکھا جائے۔ اسلامی تاریخ بتاتی ہے کہ حکم راں طبقے سے تعلق رکھنے والی اور دولت وثروت سے بہرہ ور خواتین نے ہر دور میں یہ خدمات انجام دی ہیں۔ یہاں صرف چند مثالیں پیش کی جاتی ہیں:

عباسی خلیفہ ہارون رشید (م ۱۹۳ھ) کی بیوی زبیدہ بنت جعفر (م ۲۱۶ھ) کو رفاہی کاموں کی انجام دہی کے معاملے میں بہت شہرت حاصل ہے۔ اسے قرآن مجید کی تعلیم سے بہت دلچسپی تھی۔ ابن خلکان نے لکھا ہے کہ اس نے اپنی سو (۱۰۰) باندیوں کو اس کے لیے فارغ کرر کھا تھا:

زمرّد خاتون (۵۵۷ھ)، جو دمشق کے حکم راں الملک دقّاق کی بہن تھیں، انھوں نے ایک مدرسہ قائم کیا تھا، جو المدرسۃ الخاتونیۃ البرانیۃ کے نام سے معروف تھا۔ [الزرکلی، الاعلام، ۳/۴۹] عائشہ ہانم (بارہویں صدی ہجری) نے ۱۱۵۴ھ میں ایک مسافر خانہ تعمیر کرایا تھا جس کو 'سبیل عائشہ ہانم' کہا جاتا تھا۔ اس کے اوپر انھوں نے قرآن کی تعلیم کے لیے ایک مکتب قائم کیا تھا اور ان دونوں کے مصارف کے لیے بہت سی جائیدادیں وقف کر دی تھیں اور اپنے ورثاء کو ان کا متوّلی بنا دیا تھا۔ [عمر رضا کحالۃ، اعلام النساء، ۳/۱۹۴] یمن کے سلطان الملک المظفر کی بیوی مریم نے زبید میں المدرسۃ المجاھدیۃ قایم کیا، اس میں یتیم اور غریب بچوں اور دیگر طالب علموں کو داخل کیا، اس میں امام، موٴذن اور معلّم کو رکھا اور اس کے مصارف کے لیے وقف کا معقول نظم کیا۔ [عمر رضا کحالۃ، اعلام النساء، ۵/۴۰] السیدۃ ملکۃ بنت ابراھیم البعلیۃ الدمشقیۃ نے خواتین کے لیے مخصوص ایک رباط قائم کیا، جس میں قرآن مجید کے حفظ اور حدیث نبوی کی تعلیم کا نظم کیا۔ [عمر رضا کحالۃ، اعلام النساء، ۲/۳]

صحابیات و تابعیات کی علمی خدمات

علوم اسلامیہ کی اشاعت و ترویج کا کام عہدِ نبوی اور عہدِ صحابہ ہی سے شروع ہو گیا تھا اور خواتین نے اس میں سرگرمی سے حصہ لیا تھا۔۔ امہات المومنین میں خاص طور پر حضرت عائشہؓ اور حضرت ام سلمہؓ نے بڑے پیمانے پر امت کو علمی فیض پہنچایا ہے۔ حضرت عائشہؓ نہایت ذہین اور غیر معمولی حافظہ کی مالک تھیں۔ چنانچہ انہوں نے رسول اللہ ﷺ سے سنی ہوئی ہر بات کو اس کی صحیح ترین اور کامل ترین شکل میں یاد رکھا اور آپ کے جن اعمال کا مشاہدہ کیا ان کو بھی پوری طرح سمجھ کر اپنے ذہن میں محفوظ رکھا۔ وہ رسول اللہ ﷺ کی وفات کے بعد پچاس (۵۰) برس تک زندہ رہیں اور مسلمانوں کی دو نسلوں تک آپؐ کی تعلیمات کو پہنچانے کا ذریعہ بنیں۔ وہ ایک قسم کا 'زندہ ٹیپ ریکارڈ' بن کر تقریباً نصف صدی تک امت کے حق میں فیض رسانی کا ذریعہ بنی رہیں۔ (ڈاکٹر فریدہ خانم، امہات المومنین، الرسالہ بک سینٹر، نئی دہلی ۲۰۰۱ء، ص ۱۰،۹)

حضرت عائشہؓ سے دو ہزار دو سو دس (۲۲۱۰) احادیث مروی ہیں۔ ان سے دو سو ننانوے (۲۹۹) صحابہ و تابعین نے روایت کی ہے، جن میں سرسٹھ (۶۷) خواتین تھیں۔ حضرت ام سلمہؓ کا شمار فقہائے صحابیات میں ہوتا ہے۔ علامہ ابن قیمؒ نے لکھا ہے کہ اگر ان کے فتاویٰ جمع کیے جائیں تو ایک رسالہ تیار ہو سکتا ہے۔ [اعلام الموقعین، ابن قیم، دار الکتب العلمیۃ، بیروت، ۱۹۹۶ء، ۱/۱۰۔۱۲] ان سے ایک سو ایک (۱۰۱) صحابہ و تابعین نے روایت کی ہے، جن میں تیئس (۲۳) خواتین ہیں۔ احادیث کی روایت میں صحابیات، تابعیات اور بعد کی خواتین نے بڑھ چڑھ کر حصہ لیا ہے۔ یہاں صرف چند مشہور خواتین کا تذکرہ کیا جا رہا ہے:

سید التابعین حضرت سعید بن المسیبؒ (م ۹۴ھ) بڑے علم و فضل کے مالک تھے۔

ان کے حلقۂ درس سے بے شمار لوگوں نے فائدہ اٹھایا اور ان سے احادیث روایت کیں۔ ان کی صاحب زادی 'درّۃ' نے ان سے مروی تمام احادیث حفظ کرلی تھیں۔ خلیفۂ وقت عبد الملک بن مروان (م۸۶ھ) نے اپنے بیٹے اور ولی عہد ولید کے لیے ان کا رشتہ مانگا، لیکن ابن المسیبؒ نے انکار کر دیا اور ان کا نکاح اپنے ایک شاگرد ابن ابی وداعہ سے کر دیا۔ نکاح کے کچھ روز کے بعد جب شوہر حضرت ابن المسیبؒ کی علمی مجلس میں جانے لگے تو بیوی نے کہا: اجلس أعلّمک علم سعید۔ "یہیں رہیے۔ (میرے والد) حضرت سعیدؒ کے پاس جو علم ہے وہ میں ہی آپ کو دے دوں گی۔" (ابن الحاج، المدخل، ۱/۲۱۵، ابن سعد، الطبقات، ۵/۱۳۸، ابو نعیم، حلیۃ الاولیاء، ۲/۱۶۷)

امام مالک بن انسؒ (م۱۷۹ھ) کی صاحب زادی کو پوری مؤطا یاد تھی۔ ان کے بارے میں بیان کیا گیا ہے کہ وہ اپنے والد کے حلقۂ درس میں دروازے کی اوٹ سے شریک رہتی تھیں۔ احادیث پڑھنے میں کوئی شخص غلطی کرتا تو وہ دروازہ کھٹکھٹا دیا کرتی تھیں۔ امام مالک سمجھ جاتے اور پڑھنے والے کی اصلاح کر دیتے تھے۔ [ابن فرحون ،الدیباج المذہّب فی أعیان علماء المذہب، ۱/۸۶]

فاطمہ بنت منذر بن زبیر بن العوام عظیم محدثہ اور فقیہہ تھیں۔ انہوں نے بہت سی احادیث کی روایت کی ہے، خاص طور پر اپنی دادی حضرت اسماء بنت ابی بکرؓ سے۔ ان کی بیش تر روایات ان کے شوہر حضرت ہشام بن عروہؒ (م۱۴۶ھ) کے واسطے سے مروی ہیں۔

نفیسہ بنت الحسن بن زید بن الحسن بن علی بن ابی طالب (م۲۰۸ھ)، جو امام جعفر صادقؒ کی بہو تھیں، بڑی صاحبِ علم و فضل خاتون تھیں۔ وہ اپنے شوہر اسحاق مؤتمن کے ساتھ مدینہ سے مصر چلی گئیں تو وہاں ان کی شہرت دور دور تک پھیل گئی۔ چنانچہ لوگ علم

کی پیاس بجھانے کے لیے جوق در جوق ان کے گھر کا رخ کرتے تھے۔ ان کے شاگردوں میں سب سے مشہور نام امام شافعیؒ کا ہے، جو ان سے علمی استفادہ کے لیے برابر ان کے گھر تشریف لے جایا کرتے تھے۔ سیدہ نفیسہ حدیث اور تفسیرِ قرآن دونوں کی بڑی عالمہ تھیں۔ انہیں پورا قرآن حفظ تھا۔ وہ احادیث بھی روایت کرتی تھیں۔ مورخین نے دونوں میدانوں میں ان کی عظمت و مہارت کا تذکرہ کیا ہے۔ زرکلی نے لکھا ہے: عالمۃ بالتفسیر والحدیث [الزرکلی، الاعلام، ۸/۴۴]

"وہ تفسیر اور حدیث کی عالمہ تھیں۔" سیدہ نفیسہ کی علمی عظمت کا اعتراف ہی ہے کہ تاریخ میں ان کی شہرت 'نفیسۃ العلم' کے نام سے ہے۔

***

حدیث نبویؐ کی ترویج میں مسلم خواتین کی خدمات

ابو عمار زاہد الراشدی

مولانا محمد اکرم ندوی انڈیا سے تعلق رکھنے والے ایک محقق عالم دین ہیں جو آکسفورڈ سنٹر فار اسلامک اسٹڈیز میں ایک عرصہ سے علمی و تحقیقی خدمات سرانجام دے رہے ہیں۔ ان سے پہلی ملاقات اچانک اور عجیب انداز میں ہوئی۔ پانچ سال قبل کی بات ہے جب راقم الحروف نے لندن جانے کے لیے تاشقند کا راستہ اختیار کیا، ازبک ایئر لائن سفر کا ذریعہ تھی، تاشقند میں چار پانچ روز گزارنے کے بعد جب تاشقند کے بین الاقوامی ہوائی اڈے سے لندن کے لیے روانہ ہوا تو ایئرپورٹ پر اسی قسم کے حالات کا سامنا کرنا پڑا جیسے تیسری دنیا کے بہت سے ممالک کے ہوائی اڈوں پر عموماً پیش آتے ہیں۔ بورڈنگ کارڈ کے حصول کے لیے ایک لمبی قطار میں لگ کر کاؤنٹر تک پہنچا تو بڑی سادگی کے ساتھ کہہ دیا گیا کہ آپ کی تو سیٹ ہی کنفرم نہیں ہے۔ حالانکہ ٹکٹ کے مطابق سیٹ کنفرم تھی اور دو روز قبل اسے ری کنفرم بھی کروا چکا تھا۔ لیکن کاؤنٹر پر کھڑے صاحب نے کہا کہ ان کے ہاتھ میں مسافروں کی جو فہرست ہے اس میں میرا نام نہیں ہے اس لیے سیٹ کنفرم نہیں۔ خدا خدا کر کے چانس کا حق استعمال کرتے ہوئے سیٹ کا مستحق قرار پایا تو ایئرپورٹ ٹیکس ڈالروں میں ادا کرنے کے لیے ڈالروں کا حصول الگ مسئلہ بن گیا اور ایک دوسری لائن میں لگنا پڑا۔ اس مرحلہ سے فراغت ہوئی تو سامان کا مسئلہ پیدا ہو گیا، یہ

اصرار ہوا کہ میں اپنے ہاتھ کا بیگ بھی دوسرے سامان کے ساتھ وزن کرواؤں جو کہ زندگی کا پہلا تجربہ تھا اور میں اس کے لیے ذہنی طور پر تیار نہیں تھا۔

الغرض اس قسم کے مراحل سے گزرنے کے بعد جب ہوائی جہاز میں داخل ہوا تو وہ فل ہو چکا تھا اور کوئی سیٹ خالی نظر نہیں آ رہی تھی۔ بورڈنگ کارڈ پر سیٹ کا نمبر بھی نہیں تھا اس لیے سیٹ کی تلاش میں جہاز کے پچھلے حصہ کی طرف جا رہا تھا کہ ایک پتلے سے باریش نوجوان نے میری پریشانی کو بھانپتے ہوئے آواز دے کر اپنے پاس بلا لیا۔ ان کے ساتھ والی سیٹ خالی تھی جس پر انہوں نے مجھے بیٹھنے کی دعوت دی۔ اس طرح کم و بیش تین گھنٹے کی مسلسل تگ و دو اور ذہنی پریشانی کے بعد اطمینان سے بیٹھنے کا موقع میسر آیا۔ باہمی تعارف ہوا تو پتہ چلا کہ یہ مولانا محمد اکرم ندوی ہیں، ندوۃ العلماء لکھنو سے تعلق رکھتے ہیں، دہلی سے آنے والی فلائیٹ سے تاشقند پہنچے ہیں اور اب دوسری فلائیٹ سے لندن جا رہے ہیں جہاں وہ آکسفورڈ کے اسلامک سنٹر میں خدمات سر انجام دے رہے ہیں۔ سفر میں اچھی رفاقت مل جائے تو مشقت اور کلفت کا بوجھ خاصا ہلکا ہو جاتا ہے۔ چنانچہ ایسا ہی ہوا اور باقی ماندہ سفر مختلف موضوعات پر گفتگو میں آسانی سے کٹ گیا۔ اس کے بعد مولانا محمد اکرم ندوی سے آکسفورڈ اور لندن میں متعدد ملاقاتیں ہوئیں اور ان کا علمی و تحقیقی کام مسلسل دلچسپی کا باعث رہا۔

ایک موقع پر مولانا کی وساطت سے عرب دنیا کے اپنے وقت کے سب سے بڑے حنفی عالم الاستاذ عبد الفتاح ابو غدۃؒ کی زیارت و ملاقات کا شرف بھی حاصل ہوا۔ الاستاذ ابو غدۃؒ شام سے تعلق رکھنے والے فقیہ و محدث و محقق تھے، درجنوں علمی کتابوں کے مصنف تھے، اور عرب دنیا میں احناف کے سرخیل تھے۔ شام کی اخوان المسلمون کے سربراہ رہے ہیں، ریاستی جبر کے ہاتھوں مجبور ہو کر جلاوطن ہو گئے تھے اور ریاض میں

گزشتہ سال ان کا انتقال ہوا ہے۔ ان سے ریاض میں ایک بار ملاقات ہو چکی تھی اور خواہش تھی کہ دوبارہ ملاقات ہو تو رسول اللہ صلی اللہ علیہ وسلم کی کچھ احادیث سنا کر ان سے روایت حدیث کی اجازت کی سعادت حاصل کی جائے۔ ایک روز مولانا محمد اکرم ندوی نے لندن میں فون پر اطلاع دی کہ استاذ ابو غدۃؒ تشریف لائے ہوئے ہیں اور واپسی کے لیے ایئرپورٹ کی طرف روانہ ہو چکے ہیں اس لیے اگر ان سے ملاقات کرنا چاہتے ہیں تو فوراً ہیتھرو ایئرپورٹ پہنچ جائیں۔ راقم الحروف اور مولانا محمد عیسیٰ منصوری یہ اطلاع ملتے ہی ایئرپورٹ کی طرف چل پڑے۔ ہم نے امام بخاریؒ کی کتاب "الادب المفرد" ساتھ لے لی۔ ہیتھرو پہنچے تو استاذ ابو غدۃؒ بورڈنگ کارڈ حاصل کر چکے تھے اور ڈیپارچر لاؤنج کی طرف جانے کے لیے سیڑھیاں چڑھ رہے تھے۔ ملاقات ہوئی، سلام عرض کیا اور کتاب سامنے کر دی۔ اس پر وہ مقصد سمجھتے ہوئے وہیں سیڑھیوں پر بیٹھ گئے اور پڑھنے کے لیے کہا۔ راقم الحروف نے "الادب المفرد" کی چند احادیث سنائیں تو انہوں نے کمال شفقت سے اپنی تمام اسناد کے ساتھ روایت حدیث کی اجازت مرحمت فرما دی۔

مولانا محمد اکرم ندوی کے ساتھ ملاقاتوں کا سلسلہ اس کے بعد بھی بدستور جاری ہے۔ مگر گزشتہ ہفتہ کو ساؤتھ آل لندن کے ابو بکرؓ اسلامک سنٹر میں ماہنامہ الفرقان لکھنو کے مدیر مولانا خلیل الرحمن سجاد نعمانی کے اعزاز میں ورلڈ اسلامک فورم کی ایک نشست میں ان سے ملاقات ہوئی تو ان کے موجودہ علمی کام کے بارے میں معلومات حاصل کر کے بے حد مسرت ہوئی۔

مولانا محمد اکرم ندوی کچھ عرصہ سے امت مسلمہ کی ان خواتین کے بارے میں تحقیقی کام کر رہے ہیں جنہوں نے جناب رسول اللہ صلی اللہ علیہ وسلم کی احادیث مبارکہ کی تعلیم اور اشاعت کا کام کیا ہے۔ مولانا محمد اکرم ندوی کا کہنا ہے کہ انہوں نے دور نبویؐ

سے دسویں صدی ہجری تک اپنا کام مکمل کر لیا ہے اور کم و بیش پانچ ہزار محدثات کے حالات جمع کیے ہیں جنہوں نے علم حدیث حاصل کیا اور اس کی تعلیم و تدریس کے لیے باقاعدہ خدمات سر انجام دیں۔ انہوں نے بتایا کہ صحابہ کرامؓ کے دور میں ایک ہزار سے زائد صحابیات نے احادیث نبویؐ کی اشاعت میں حصہ لیا جن میں سب سے نمایاں ام المومنین حضرت عائشہؓ ہیں اور ان کی عملی جانشین معروف صحابی حضرت سعد بن زرارہؓ کی دختر حضرت عمرہ انصاریہؓ تھیں جن کے بارے میں معروف فقیہ حضرت قاسم بن محمد بن ابی بکرؓ نے امام زہریؒ سے کہا تھا کہ وہ اگر علم حاصل کرنا چاہتے ہیں تو عمرہ انصاریہؓ سے رجوع کریں۔

مولانا اکرم ندوی نے کہا کہ ایک دور میں خواتین میں روایت حدیث کا ذوق اس قدر زیادہ تھا کہ چھٹی صدی کے معروف محدث ابن عساکرؒ نے جن شیوخ سے احادیث روایت کی ہیں ان میں ۸۰ خواتین ہیں۔ جبکہ نویں صدی کے امام جلال الدین سیوطیؒ کے اساتذہ میں پچاس خاتون محدثات شامل ہیں۔ اور شیخ الاسلام ابن تیمیہؒ نے بھی پانچ چھ خاتون اساتذہ سے احادیث روایت کی ہیں۔ مولانا نے بتایا کہ ممتاز مؤرخ اور محدث خطیب بغدادیؒ نے امام بخاری کی "الجامع الصحیح" کی ایک خصوصی سند اس دور کی محدثہ حضرت مروزیہؒ سے حاصل کی جنہوں نے ایک سو برس کے لگ بھگ زندگی پائی اور عمر بھر حدیث نبویؐ کی خدمت میں مصروف رہیں۔ مولانا نے بتایا کہ وہ دسویں صدی ہجری تک کی پانچ ہزار محدثات کے حالات زندگی دس ضخیم جلدوں میں مرتب کر چکے ہیں جو کچھ عرصہ تک طبع ہو کر علمی حلقوں میں پہنچ جائیں گی۔

آج اسلام کے بارے میں مغرب کے ذرائع ابلاغ مسلسل یہ پراپیگنڈا کر رہے ہیں کہ اسلام عورتوں کی تعلیم کا مخالف ہے، جبکہ تاریخ کی شہادت یہ ہے کہ مسلمانوں میں

اس دور میں علمی و تحقیقی کام کرنے والی خواتین کی تعداد ہزاروں میں تھی جب خود مغرب نے ابھی عورتوں کی تعلیم کے بارے میں سوچا بھی نہیں تھا۔ اس لیے ضرورت اس امر کی ہے کہ زندگی کے مختلف شعبوں میں مسلم خواتین کی علمی خدمات کو سامنے لایا جائے اور مولانا محمد اکرم ندوی اس حوالہ سے اس وقیع اور اہم علمی خدمت پر مبارک باد کے مستحق ہیں۔

***

علومِ دینیہ کی ترویج میں خواتین کا کردار

ابو عمار زاہد الراشدی

توحید و سنت (بن حافظ جی میانوالی) نامی مدرسہ ہمارے محترم دوست اور بزرگ ساتھی حضرت مولانا حافظ مہر محمد صاحبؒ کی یادگار اور ان کا صدقہ جاریہ ہے۔ ہم جامعہ نصرۃ العلوم گوجرانوالہ میں کئی برس اکٹھے پڑھتے رہے ہیں، وہ مجھ سے سینئر تھے اور دو تین سال پہلے فارغ ہوئے تھے، البتہ ترجمہ قرآن کریم کی کلاس میں شریک رہے ہیں۔ فاضل اور محقق عالم تھے اور ہمارے ساتھ پاکستان شریعت کونسل کی تنظیم و تشکیل میں بھی شریک رہے ہیں۔ ان کے فرزند مولانا حافظ عمر فاروق اور دیگر اہلِ خاندان اور رفقاء کو اس گلشنِ علمی کی خدمت کرتے دیکھ کر خوشی ہوتی ہے، اللہ تعالیٰ سب کو جزائے خیر اور سعادت دارین سے نوازیں، آمین یارب العالمین

آج طالبات میں ترجمہ قرآن کریم کا آغاز ہے اور مجھے کہا گیا ہے کہ اس حوالہ سے بچیوں کے سامنے کچھ باتیں عرض کروں، جو میرے لیے سعادت کی بات ہے، اور میں قرآن کریم، حدیث و سنت اور فقہ و شریعت کے علوم میں عورتوں کے حصہ اور کردار کے بارے میں دو تین واقعات بیان کرنا چاہوں گا جن سے اندازہ ہو گا کہ قرون اولیٰ میں دینی علوم کے ساتھ عورتوں کے شغف اور دلچسپی کا کیا ماحول تھا۔

امام شافعیؒ کی والدہ محترمہ کے بارے میں ایک واقعہ غالباً امام سبکیؒ کی کتاب "طبقات

الشافعیۃ الکبریٰ" کے حوالے سے کہیں پڑھا ہے کہ وہ مکہ مکرمہ کے قاضی کے سامنے کسی مقدمہ کی گواہی کے سلسلہ میں پیش ہوئیں، اس مقدمہ میں ایک مرد اور دو عورتیں گواہ تھیں جن میں ایک حضرت امام شافعیؒ کی والدہ محترمہ تھیں۔ قاضی صاحب نے ایک خاتون سے گواہی سن کر ان سے کہا کہ وہ ذرا فاصلہ میں جا بیٹھیں تاکہ وہ دوسری خاتون سے الگ گواہی سن سکیں۔ غالباً ان کا مقصد یہ تھا کہ دونوں سے ایک دوسرے سے الگ گواہی لیں گے تو اگر کوئی فرق ہوا تو پتہ چل جائے گا۔ امام شافعیؒ کی والدہ محترمہ نے اس سے انکار کر دیا اور فرمایا کہ ہم دونوں اکٹھی گواہی دیں گی اور ایک دوسری کو گواہی کے دوران کوئی بات بتانے کی ہوئی تو بتائیں گی۔ اور کہا ان کا ایک دوسری سے الگ گواہی دینا قرآن کریم کی منشا کے خلاف ہے۔ قاضی صاحب نے دلیل پوچھی تو فرمایا کہ قرآن کریم جہاں ایک مرد کی جگہ دو عورتوں کی گواہی کا فرمایا ہے وہاں یہ بھی کہا ہے کہ "ان تضل احداھما فتذکر احداھما الاخریٰ" اگر ایک بھول جائے تو دوسری یاد کرادے۔ اس لیے ہم دونوں اکٹھے گواہی دیں گی اور ایک دوسری کو بتائیں گی۔ قاضی صاحبؒ نے ان کے اس استدلال کو تسلیم کیا اور ان سے الگ الگ گواہی لینے کا ارادہ ترک کر دیا۔ اس سے اندازہ کیا جا سکتا ہے کہ ہمارے پہلے زمانوں میں عورتوں کا "قرآن فہمی" کا معیار کیا تھا۔

حدیث و سنت کے بارے میں یہ بات ذہن میں رکھیں کہ حکومتی سطح پر جناب نبی کریم صلی اللہ علیہ وسلم کی احادیث کو جمع و مرتب کرنے کا حکم سب سے پہلے امیر المومنین حضرت عمر بن عبد العزیزؒ نے دیا تھا۔ وہ زمانہ صحابہ کرامؓ کا آخری دور تھا اور تابعین کرامؒ کا دورِ عروج تھا۔ ہر علاقہ میں جناب نبی اکرم صلی اللہ علیہ وسلم کی روایات و احادیث کے حلقے موجود تھے اور اہلِ علم ہر طرف علمی خدمات میں مصروف تھے۔ حضرت عمر بن عبد العزیزؒ نے ضرورت محسوس کی کہ اس سارے کام کو محفوظ کیا جائے، جس کے لیے انہوں

نے اپنے تمام گورنروں کو حکم جاری کیا کہ ان کے علاقہ میں جو اہلِ علم صحابہ کرامؓ اور تابعین عظامؒ میں سے موجود ہیں ان کی روایات کو جمع کرنے کا اہتمام کیا جائے۔ اس میں مدینہ منورہ کے گورنر کو خصوصی حکم یہ تھا کہ اپنے وقت کی عظیم خاتون محدثہ و فقیہہ حضرت عمرہ بنت عبد الرحمنؒ کے علوم و روایات کو محفوظ کرنے کا بطور خاص اہتمام کیا جائے۔ وہ حضرت اسعد بن زرارہؓ کی پوتی اور ام المومنین حضرت عائشہؓ کی شاگردہ اور خادمہ تھیں، بلکہ انہیں علمی حلقوں میں حضرت عروہ بن الزبیرؓ اور حضرت قاسم بن محمدؒ کے ساتھ ام المومنین حضرت عائشہؓ کا جانشین بھی کہا جاتا ہے۔ اس سے یہ معلوم ہوتا ہے کہ قرونِ اولیٰ میں حدیث کی روایت کے حوالہ سے عورتوں کے ذوق و محنت کی سطح کیا تھی اور ان کا علمی مقام و مرتبہ کیا تھا۔

فقہ میں عورتوں کی صلاحیت و ذہانت کا اندازہ اس واقعہ سے کیا جا سکتا ہے، جو میں نے حکیم الاسلام حضرت مولانا قاری طیب قاسمیؒ کے کسی خطبہ میں پڑھا ہے، کہ امت کی معروف فقہیہ جو فاطمہ فقہیہؒ کے نام سے معروف ہیں، ان کے والد بھی وقت کے بہت بڑے فقیہ اور مفتی تھے، اور بیٹی کو علومِ دینیہ بالخصوص حدیث و فقہ کی اس درجہ میں تعلیم دی کہ وہ فتویٰ نویسی میں اپنے باپ کے ساتھ شریک ہو گئیں، اور ایک دور ایسا بھی آیا کہ استفتاء پر فتویٰ فاطمہ لکھتی تھیں اور دونوں کے دستخطوں سے فتویٰ جاری ہوتا تھا۔

مگر عورت زیادہ پڑھ لکھ جائے تو رشتہ میں مشکلات بہر حال پیدا ہو جاتی ہیں، اس معیار کا رشتہ تلاش کرنا بھی مشکل ہوتا ہے، اور اگر میاں بیوی کے علمی معیار میں زیادہ فرق ہو تو نباہ میں بھی مسائل کھڑے ہو جاتے ہیں۔ فاطمہ فقہیہؒ کے رشتہ میں بھی یہ صورتحال پیش آئی، کوئی مالدار اور دنیوی حیثیت کا رشتہ آتا تو فاطمہؒ کے لیے علمی معیار پر پورا نہ ہونے کی وجہ سے قابل قبول نہیں ہوتا تھا، اور کوئی صاحبِ علم رشتہ کا طلبگار ہوتا تو

مالی حالت کی کمزوری کی وجہ سے والد صاحبؒ اس کو قبول نہیں کرتے تھے۔ حتیٰ کہ ایک شہزادہ کا رشتہ آیا جس پر والد صاحب تو راضی تھے مگر خاتون نے رضامندی کا اظہار نہ کیا۔ بالآخر باپ بیٹی میں اس بات پر اتفاق ہوا کہ رشتہ کے طالب علماء کرام سے کہا جائے کہ وہ موجودہ دور کے تقاضوں کے سامنے رکھتے ہوئے فقہ حنفی کی کوئی کتاب لکھیں، جس کی کتاب زیادہ پسند آئے گی اس سے رشتہ کر لیا جائے گا۔ کہا جاتا ہے اس شرط پر بہت سی کتابیں لکھی گئیں جن میں سے امام کاسانیؒ کی "بدائع الصنائع" بھی ہے، جو فقہ حنفی کی اہم کتابوں میں شمار ہوتی ہے۔ بیان کیا جاتا ہے کہ فاطمہ فقہیہؒ کو یہ کتاب سب سے اچھی لگی اور انہوں نے امام کاسانیؒ سے شادی کر لی۔

یہ واقعات بیان کرنے کا مقصد اپنی بچیوں کو یہ حوصلہ دلانا ہے کہ قرآن کریم، حدیث و سنت، اور فقہ و شریعت کے مضامین ان کے لیے نئے اور انجانے نہیں بلکہ مسلم خواتین کی قدیم روایات کا حصہ ہیں اور ہر دور میں ان علوم کی تعلیم و تدریس اور فروغ میں عورتوں کا کردار نمایاں رہا ہے۔

ان گزارشات کے ساتھ مدرسہ توحید و سنت بن حافظ جی میانوالی کی طالبات، اساتذہ، منتظمین اور معاونین کو قرآن کریم کے ترجمہ و تفسیر کی کلاس کے آغاز پر مبارکباد پیش کرتا ہوں اور دعا گو ہوں کہ اللہ رب العزت ان سب کو سعادت و برکات سے نوازیں اور دینی علم کی ترویج و اشاعت کے لیے مسلسل محنت کرتے رہنے کی توفیق عطاء فرمائے، آمین یارب العالمین۔

***

محدثات علم حدیث کی ارتقاء میں خواتین کی خدمات

مصنف: ڈاکٹر اکرم ندوی، تبصرہ نگار: ڈاکٹر خان مبشرہ فردوس

مسلم معاشرے میں خواتین کی سماجی حیثیت اور دینی کاموں میں سبقت پر بے شمار سوالات خود مسلم خواتین کے پاس موجود ہیں۔ یہ بات نئی نہیں ہے، دور نبوی میں بھی بعض صحابیات نے اس نوع کے سوالات رسول اللہ صلی اللہ علیہ وسلم سے کیے کہ مردوں کے لیے عبادت کے فلاں فلاں احکام ہیں، جب کہ ہم گھر اور بچوں کے کاموں میں الجھی رہتی ہیں، ہمیں ثواب کیسے ملے گا؟ یہ سوال ہر ارتقاء پذیر ذہن سے اٹھتا ہے۔

مرد عیدین، نماز جمعہ، وعظ و نصائح میں شرکت سے استفادہ کرتے ہیں اور قبرستان جا کر عبرت حاصل کرتے ہیں۔ رسول اللہ کے زمانے میں جہاد اور آپ ﷺ کی صحبت میں تعلیم و تربیت کے حصول میں سہولت رکھتے ہیں جب کہ خواتین کو یہ سہولتیں حاصل نہیں۔ آج اگرچہ تعلیم و تربیت کے ذرائع خواتین کے لیے بھی آسان ہیں، لیکن مساجد میں داخلہ اور جمعہ و عیدین کی سہولیات نہیں ہیں، البتہ بازاروں، شاپنگ مالز یا تجارت کے لیے خواتین کو سازگار ماحول میسر ہے۔

خبر ملی کہ ڈاکٹر اکرم ندوی صاحب کی تحقیق: "الوفاء بأسماء النساء" کے عنوان سے منظر عام پر آئی ہے۔ اس کتاب نے مسلم خواتین کے حوصلے بلند کیے اور مغربی دنیا میں خواتین کی آزادی سے متاثر مسلم خواتین کے اعتماد میں غیر معمولی اضافہ کیا۔ اردو میں یہ

کتاب "المحدثات "، "علم حدیث کے ارتقاء میں خواتین کی خدمات " کے نام سے ہدایت پبلیکیشن نے ہندوستان میں شائع کی ہے۔ یہ کتاب کل ۴۰۸ صفحات پر مشتمل ہے، جس میں جملہ ۱۰ ابواب ہیں۔ تعارف میں مصنف نے قرآن و سنت کی حجیت، قرآن و سنت کا خواتین کو بااختیار بنانے اور خواتین کے ان افعال پر مدلل گفتگو کی ہے جن سے ان کی قوت اور حیثیت قائم ہوتی ہے۔

پہلے باب میں روایت حدیث کی قانونی شرط کو مصنف نے واضح کیا ہے۔ فاضل مصنف خواتین کے محدثہ ہونے پر واقعہ بیان کرتے ہیں:

"ربیع بنت سلیمان کے مطابق امام شافعیؒ (متوفی: ۲۰۴ھ) کا قول ہے: کسی نے مجھ سے دریافت کیا کہ آپ مجھے بتادیں کہ علماء کے نزدیک وہ کیا ثبوت ہیں جس کے مطابق کسی روایت کی صحت کو پرکھا جائے؟

تو انہوں نے جواب دیا: " فرد واحد کی فرد واحد سے روایت، بہ شرط ایں کہ اس کا سلسلہ رسول ﷺ تک دراز ہو، یا اس کی سند کسی صحابی تک پہنچے، راوی کا دین مسلم اور معتبر ہو، وہ اپنی صدق بیانی کے لیے معروف ہو، مالہٗ اور ماعلیہ سے واقف ہو، حدیث میں تبدیلی واقع ہونے کے عمل سے واقف ہو، حدیث کے اصل متن میں ترسیل پر قادر ہو۔"

خواتین کے فقہی مسائل کی وجہ سے بھی وہ راوی بنی ہیں۔ ان سے ثابت ہوتا ہے کہ خواتین سے مروی احادیث شرعی احکام کی بنیاد قرار پائیں اور یہ معروف طریقے کے مطابق ہوا۔ ان احادیث کو قبول کرتے ہوئے یہ خدشہ کبھی نہیں رہا کہ یہ خواتین سے مروی ہیں۔ قاری جوں جوں پڑھتا جائے، اسلام کی حقانیت، انصاف پسندی پر اس کا دل عش عش کر اٹھے۔ حضرت عمرؓ کے زمانے کا واقعہ نقل کرتے ہوئے لکھتے ہیں کہ اس

معاشرے میں خواتین کو آزادی حاصل تھی کہ وہ اپنے علم و فہم اور ذکاوت کی بنیاد پر قاضی وقت کے فیصلے پر رائے دے سکتی تھیں۔

باب دوم میں خواتین کے تعلیم یافتہ ہونے کا رجحان، نیز بچوں کی تعلیم و تربیت، خواتین کی علمی مجالس میں شرکت پر واقعات قلم بند کیے ہیں۔ ایک واقعہ تفصیل سے بیان کرتے ہیں، جو یہاں اختصار سے بیان کیا جارہا ہے کہ حمراء بنت عبدالرحمٰن تابعیہ، فقیہہ، محدثہ تھیں، انھوں نے ایک عدالتی فیصلے میں مداخلت کی تھی، جو ایک غیر مسلم شخص سے متعلق تھا اور چونکہ وہ جانتی تھیں، اس لیے ان کی بات وقت کے قاضی نے تسلیم کی، مقصد یہی تھا کہ کسی کے ساتھ ناانصافی نہ ہو۔ بات پیش کرنے والے کی آزادی، قبول کرنے والوں کا ظرف اور ہر دور میں خوف خداوندی یہ اس صالح معاشرے کی پہچان تھی۔ اسلام سے قبل اور اسلام کے بعد کے معاشرے کا موازنہ کیا جائے تو عقل حیران ہوگی کہ اسلام ہی کی برکت ہے کہ اتنی تیزی کے ساتھ انسانی ذہن نے ناقابل یقین ذہنی مسافت طے کی ہے۔ مسلمان وحی الٰہی کو اپنے خالق کا قول گردانتے ہیں، لہٰذا ان کے لیے وحی الٰہی کی حکم عدولی ناقابل تصور تھی۔

قرآن مجید میں عورتوں کا عمومی اور خصوصی حیثیت سے ذکر آیا ہے۔ اس کی رو سے خواتین کسی بھی طرح مردوں سے کم تر نہیں۔ ان میں کوئی نقص پایا جاتا ہے نہ وہ کسی ابدی گناہ کی مرتکب ہیں اور نہ گناہ اور بدی پر مائل۔ اس ضمن میں وہ مردوں کی طرح ہیں۔ مردوں ہی کی طرح وہ بھی گناہ پر کسی کو راغب کر سکتی ہیں۔ قرآن مجید خواتین کو مردوں کا تابع مہمل قرار نہیں دیتا، بلکہ ان کے آزادانہ تشخّص کو تسلیم کرتا ہے۔ اس نے ہر عورت سے انفرادی طور پر اس طرح خطاب کیا ہے، جس طرح اس کا خطاب مردوں سے ہے۔

تحصیل علم کی اقسام، اس کے مواقع، اس کے لیے اسفار سے متعلق باب سوم میں لکھتے ہیں کہ عوامی مجالس میں ہم درس کے لیے شریک ہوا کرتی تھیں۔ خواتین کے گروہ میں لڑکیاں بھی شامل ہوتی تھیں۔ ام علی بنت ابی الحکم امیہ بنت قیس ابی السلط الغفاریہ سے روایت کرتی ہیں کہ وہ قبیلہ غفار کے ایک وفد کے ساتھ رسول اللہ ﷺ کی خدمت میں حاضر ہوئیں۔ یہ دور غزوۂ خیبر کا تھا۔ خواتین میدان جنگ میں زخمیوں کی نگہداشت کے لیے جانے کی خواہش مند تھیں۔ رسول اکرم ﷺ نے اس کی اجازت دیتے ہوئے فرمایا: "اللہ برکت دے۔" اس سے اندازہ کریں کہ خواتین کی حیثیت دین میں اور قرون اولیٰ میں کیا رہی ہے۔

مسلم الثبوت کے شارح کی رائے ہے کہ ایک معتبر دین دار خاتون کی روایت قابل قبول ہے اور اسے کسی مرد کی تصدیق کی حاجت نہیں۔ اس کے بر خلاف شہادت میں مرد کی صراحت نص قرآن سے ثابت ہے۔ ایک واحد خاتون کی روایت کو صحابہ نے قبول کیا، اللہ ان سے راضی ہوا، اور ان کا یہ فعل قابل تقلید ہے۔ صحابہ نے حضرت بریرہؓ کی روایت کو ان کی آزادی سے قبل اس طرح تسلیم کیا، جس طرح انھوں نے ام المومنین حضرت عائشہ صدیقہؓ اور ام المومنین حضرت ام سلمہؓ اور دیگر رواۃ کی روایات کو معتبر قرار دیا۔

مرد و خواتین دونوں کی تخلیق کا مقصد یکساں ہے۔ اللہ اور اس کے ساتھ کسی کو شریک نہ کرو کا حکم دونوں کو ہے۔ ابتداء سے خواتین کی قربانیاں مردوں کے ساتھ ساتھ رہی ہیں۔ ہر قسم کے وہ الزامات جو خواتین پر لگائے گئے، اس کی تردید کی۔ نہ وہ برائی پر اکسانے والی ہیں، نہ وہ پیدائشی گنہگار ہیں۔ موصوف ڈاکٹر اکرم ندوی صاحب ایک جگہ نقل کرتے ہیں کہ قرآن خواتین کو بااختیار بنانے کی بات کرتا ہے۔ صحابیات، محدثات و

معلمات با اختیار تھیں۔ وہ سماجی اور معاشی میدان میں بھرپور حصہ لیتی تھیں۔ ربیع بنت معوذ بیعت رضوان میں شامل تھیں۔ قبیلہ عدیؓ بن نجار کی سلمہ بنت قیس بن عمر غزوۂ احد و بدر میں شامل تھیں، ام المنذر قبلتین میں شامل تھیں، ہجرت میں شامل تھیں۔ ام کلثوم بنت عقبہ مدینے کی ہجرت میں اپنے بھائیوں سے پہلے مدینہ پہنچ گئیں۔ نہ صرف یہ کہ وہ سماج میں فعال رول ادا کرتی تھیں بلکہ سخت سے سخت اور کڑی آزمائش میں بھی شامل رہی ہیں۔ ہجرت حبشہ اور بیعت عقبۂ ثانیہ میں بھی خواتین شامل تھیں۔

اسلامی معاشرے کی تشکیل "امر ھم شوریٰ بینھم" کی بنیاد پر ہے، اس لیے اسلامی معاشرے میں اظہار رائے کی آزادی خواتین کا بنیادی حق ہے۔ اظہار رائے کی آزادی اور خواتین کی علمی حیثیت کو تسلیم کرنے کا اندازہ اس واقعہ سے کیا جا سکتا ہے کہ امام مالک (متوفی : ۱۷۹ھ) نے سعد بن اسحاق بن کعب بن عجرہ سے اور انھوں نے اپنی پھوپھی زینب بنت کعب بن عجرہ سے روایت کی ہے کہ فریعہ بنت مالک بن سنانؓ، حضرت ابو سعید خدریؓ کی بہن نے ان کو بتایا کہ وہ رسول ﷺ کے پاس یہ اجازت لینے گئیں کہ وہ بنو خدرہ اپنے آبائی گھر چلی جائیں، ان کے شوہر کو مفرور غلاموں نے قتل کر دیا۔ ان کے پاس گھر نہیں ہے۔ عدت کی مدت گزارنے سے متعلق وہ رسول اللہ ﷺ سے استفسار کر رہی تھیں کہ آپ ﷺ نے فرمایا کہ عدت کے خاتمے تک اپنے مکان میں رہو، چار ماہ دس دن تک۔ عثمان بن عفانؓ نے مجھ سے دور خلافت میں یہ واقعہ دریافت کیا۔

بیٹیوں کی پیدائش پر جنت کی بشارت کی روایت بھی حضرت عائشہ سے مروی ہے۔ حضرت عبد اللہ بن عمر نے کسی شخص کو یہ کہتے سنا کہ میری بیٹیاں مر جائیں، معاشی تنگی ہے۔

پیارے نبی ﷺ بعض سوالات کے جوابات خواتین کو لطیف و بلیغ پیرائے میں

دیتے تھے۔ خواتین ایک دوسرے کو سمجھا لیتیں۔ عائشہؓ اور اسماءؓ سے وہ فقہی مسائل سمجھ لیا کرتی تھیں۔ خواتین کی تحصیل علم کا فائدہ یہ ہے کہ وہ نسلوں کی نگہداشت کرنے، اپنے شوہر کی دین کی راہ میں مددگار ہونے کے ساتھ ساتھ خود بھی سماج میں نیکی کا حکم دینے اور برائی سے روکنے میں فعال رول ادا کرسکتی ہیں۔ دورِ تابعین میں اپنی بیٹیوں اور بیویوں بہنوں کی تحصیل علم کے لیے خصوصی کوششیں کیں۔ بعض علماء نے علم دین کے اکتساب کے لیے اپنی بیٹیوں کی شادیاں علماء سے کردیں، تاکہ علم کا حصول بیٹی کے لیے سہل ہوسکے۔

شیخ الاسلام ابو العباس احمد بن عبد اللہ المغزلی الفارسی (معروف بہ: ابن الحطیہ) نے اپنی بیٹی کو قرأت سبعہ، صحیح بخاری، صحیح مسلم کی تعلیم دی۔ ان کی دختر نے ان احادیث کو تحریر کیا اور بالاستیعاب مطالعہ کیا۔

سعید بن المسیبؒ نے اپنی بیٹی کو احادیث کی سماعت کروائی۔ امام مالک بن انسؒ نے مکمل مؤطا اپنی بیٹی کو درس میں پڑھایا، محمد بن جریر الطبری کے شاگرد تھے ان کی صاحب زادی محدثہ امۃ السلام نے حدیث کا علم اپنے والد سے حاصل کیا تھا۔ شیخ القراء ابو داؤد سلیمان بن ابی القاسم الاندلسی نے اپنے شاگرد سے بیٹی کی شادی کی، روایت ہے کہ ان کی دختر نے کئی احادیث اپنے والد سے روایت کیں۔ انھوں نے اپنے والد کے اساتذہ سے بھی تحصیل علم کیا۔ ان کے شوہر احمد بن محمد ایک انتہائی متقی لیکن نادر شخص تھے۔ شیخ القراء ان کی صفات سے متاثر تھے، اسی بنا پر انہوں نے احمد سے دریافت کیا کہ کیا وہ ان کی بیٹی سے شادی پر رضامند ہیں؟ نوجوان احمد پر شرم وحیاء کا غلبہ ہوا اور انھوں نے عذر پیش کیا، جس کے باعث وہ شادی کرنے سے قاصر تھے، لیکن شیخ نے ان کی شادی اپنی بیٹی سے کردی، بیٹی کو جہیز دیا اور احمد کے گھر رخصت کیا۔

تحفۃ الفقھاء اور دیگر تصانیف کے مصنف امام علاؤالدین سمرقندی (متوفی:۵۳۹ھ) کی بیٹی اپنے حسن وجمال کے لیے مشہور تھی۔ شہزادے اور باثروت اشخاص ان سے شادی کے خواہاں تھے، لیکن شیخ نے ان رشتوں کو نامنظور کیا، کیوں کہ ان کی بیٹی عالم دین تھی اور اس کو تحفۃ الفقہاء ازبر تھی۔ شیخ کی خدمت میں ایک طالب علم مقیم تھا، جس نے کچھ عرصہ میں فقہ کے اصول اور ان کی تطبیق پر عبور حاصل کرلیا تھا۔ اس کے بعد اس نے بدائع الصنائع تحریر کی، جو کہ شیخ کی تصنیف تحفۃ الفقہاء کی شرح ہے۔ شیخ اس شرح سے اتنا متاثر ہوئے کہ اپنی بیٹی کی شادی انھوں نے اس طالب علم سے کردی اور اس کی تصنیف کو بطور مہر قبول کیا۔

اس طالب علم نے بطور ممتاز فقیہ شہرت حاصل کی اور وہ الکاسانی کے نام سے موسوم ہیں۔ الغرض محدثات پڑھ کر مسلم خواتین پر اٹھنے والے اعتراضات کا جواب مدلل مل سکتا ہے، مسلم خواتین کا حوصلہ بلند ہوتا ہے، علمی میدان میں خواتین کی آزادی اور اس معاشرے میں خواتین کی مسلم حیثیت خواتین میں اعتماد پیدا کرتی ہے۔ موجودہ حالات میں علم حاصل کرنے والی بہنوں کی مغرب سے مرعوبیت کے برعکس اسلامی کردار کے خاکے اپنی شخصیت کو ڈھالنے پر اکساتے ہیں۔

* * *